本书作者

张婷麟,浙江舟山人,华东师范大学区域经济学博士。华东师范大学城市与区域科学学院晨晖学者、讲师。主要研究方向为:城市空间结构演化、空间结构成本与绩效等。发表中外学术论文20余篇,参编著作4部。主持国家自然科学基金青年基金项目、教育部人文社会科学研究青年基金项目等多项国家、省部级课题,入选上海市浦江人才计划,多个研究报告获得省部级领导批示,并获得上海市决策咨询一等奖、上海市哲学社会科学优秀成果二等奖等。

国家空间治理与行政区划研究丛书 | 孙斌栋 主编

国家自然科学基金青年基金项目（42001183）
教育部人文社会科学研究青年基金项目（20YJCZH233）
国家社会科学基金重大项目（17ZDA068）

中国城市空间结构的经济绩效
Urban Spatial Structure and Its Economic Performance in China

张婷麟 著

东南大学出版社
SOUTHEAST UNIVERSITY PRESS
南京·2021

内容提要

随着城市规模的不断扩大,空间结构的变迁成为全球城市治理共同关注的问题之一。多中心空间战略常常被当作优化空间结构应对集聚不经济的重要空间治理手段,但其实践效果的不确定性,使多中心政策受到了广泛的质疑并亟待科学的检验。本书构建了一个收益—成本分析的经济绩效研究框架,从整体角度认知多中心空间结构给城市经济绩效带来的正负两个方面的影响;强调多中心空间结构的经济绩效受到城市人口规模的条件效应影响。研究证实,多中心这一空间治理手段为城市发展提供了新的增长动能,并为解决大城市的城市病提供了可行的方案。

本书主要适用于人文地理、城乡规划学、城市经济等相关专业的研究生,并且面向具备一定城市空间结构研究的基础读者。

图书在版编目(CIP)数据

中国城市空间结构的经济绩效 / 张婷麟著. — 南京:东南大学出版社,2021.12
(国家空间治理与行政区划研究丛书 / 孙斌栋主编)
ISBN 978-7-5641-9909-8

Ⅰ.①中… Ⅱ.①张… Ⅲ.①城市空间-空间结构-影响-城市经济-经济绩效-研究-中国 Ⅳ.①F299.2

中国版本图书馆 CIP 数据核字(2021)第 254759 号

责任编辑:孙惠玉　徐步政　　　责任校对:子雪莲
封面设计:孙斌栋　王　玥　　　责任印制:周荣虎

中国城市空间结构的经济绩效
Zhongguo Chengshi Kongjian Jiegou De Jingji Jixiao

著　　者	张婷麟
出版发行	东南大学出版社
社　　址	南京市四牌楼 2 号　邮编:210096　电话:025-83793330
网　　址	http://www.seupress.com
经　　销	全国各地新华书店
排　　版	南京布克文化发展有限公司
印　　刷	南京凯德印刷有限公司
开　　本	787mm×1092mm　1/16
印　　张	10
字　　数	244 千
版　　次	2021 年 12 月第 1 版
印　　次	2021 年 12 月第 1 次印刷
书　　号	ISBN 978-7-5641-9909-8
定　　价	49.00 元

本社图书若有印装质量问题,请直接与营销部调换。电话(传真):025-83791830

总序

随着我国国家实力的不断增强,如何构建适合的国家治理体系已经被提到日程上来,党的十九届四中全会提出了加强国家治理体系和治理能力现代化的要求。空间治理是国家发展和治理的重要组成部分,这源于空间在国家发展中的基础性地位。空间是国民经济发展的平台,所有社会经济活动都是在空间平台上开展的。空间更是塑造竞争力的来源,空间组织直接决定了资源配置的效率,影响了经济增长和就业等重大国民经济任务,决定了一个国家和民族的发展后劲和竞争力,对于疆域辽阔的大国尤其如此。当前阶段中国正处于由经济大国迈向经济强国的关键时期,也正处于百年未有之大变局的关键时刻。突如其来的新冠疫情正在波及全球,全球经济体系面临严重危机,我国提出通过形成以国内大循环为主体、国内国际双循环相互促进的新发展格局来应对,客观上也迫切需要对应的生产力空间布局来支撑。城市群是我国新型城镇化的主要空间载体,中心城市是支撑我国国民经济持续发展的增长极,如何通过合理的空间组织和高效的空间治理来增强城市群和中心城市的综合承载力,发挥对国家发展的引领带动作用,是当前面临的重要任务。

空间的复杂性决定了空间科学研究的滞后性,空间规律有大量的学术空白待填补,空间研究也因此被经济学主流学者认为是经济学最后的前沿。集聚与分散是最基本的空间维度,探索空间集聚与分散的规律是攻克空间前沿难题的必经之路。集聚不经济的存在使得城市与区域空间从单中心空间结构向多中心空间结构转型。集聚中有分散,分散中有集聚。集聚促进经济增长的重要作用得到了广泛的认可,但集聚的空间结构,包括其形成机制和作用,我们还所知甚少。哪种空间组织更有利于高质量的发展以及如何推动合理的空间结构的形成亟须严谨规范的科学研究来支撑。

除了市场规律之外,行政区划是影响我国空间组织的一个特殊且不可忽视的要素。行政区划是国家权力在空间的投影,也是国家治理体系建设的空间基础。我国改革开放以来的经济繁荣源于地方经济发展的积极性,但由此而形成的"行政区经济"也束缚了一体化和市场化,制约了效率的进一步提高。当前推进区域一体化和地区协同发展的瓶颈就在于此。党中央高度重视行政区划优化问题,党的十九届五中全会提出了"要优化行政区划设置,发挥中心城市和城市群带动作用"。优化行政区划,助力于提升国家治理能力与加强治理体系的现代化建设,正成为理论界和政策界都关注的热点问题。

当代中国行政区划的研究起始于20世纪90年代。1989年12月5—7日,由民政部主持、在江苏省昆山市召开的首届"中国行政区划学术研讨会暨中国行政区划研究会成立大会"是重要标志。1990年5月,经民政部批准在华东师范大学成立中国行政区划研究中心。在中心创始主任刘君德先生的带领下,中国行政区划研究中心从理论创新到实践开拓、从人才培养到学科建设,硕果累累,为推进我国行政区划事业改革做出了积极贡献。在理论研究方面,原创性地提出了"行政区经济理论""行政区—社区"思想等理论体系。在服务地方方面,中国行政区划研究中心主持了江苏、上海、海南、广东等地的几十项行政区划研究课题,做到了将研究成果应用到祖国大地上。在人才培养方面,中国行政区划研究中心培养的很多青年人才已经成长为行政区划研究领域的知名学者或政府领导。进入 21 世纪以来,中国行政区划研究中心的年轻一代学者不负众望,也正在取得骄人的成绩。中国行政区划研究中心相继承担了国家社会科学基金重大项目、国家自然科学基金项目、民政部关于中心城市内部行政区划调整和省会城市行政区划设置研究等科研攻关任务,以及大连市、伊春市等地方行政区划规划课题;研究成果获得了高等学校科学研究优秀成果奖、上海市决策咨询研究成果奖、上海市哲学社会科学优秀成果奖等一系列荣誉,并得到了中央和地方领导的批示和肯定;举办了一年一度的国家空间治理与行政区划全国性学术研讨会,开启了对地方政府行政区划管理人员的培训。中国行政区划研究中心作为我国"政区地理学"的最主要阵地,得到了国内外同行的广泛认可。

  作为国家空间治理的重要智库,中国行政区划研究中心有责任有使命做好新形势下空间治理和行政区划研究工作,在大变局中有更大作为。其中,理论研究是重中之重,是政策研究和智库工作的基础,是服务国家战略的立身之本。本丛书站在学术最前沿,贯穿空间组织和行政区划两条主线,以构建空间结构理论和发展、弘扬行政区经济理论为己任。在空间组织方面,从全国、区域、城市、社区不同空间尺度分析空间结构的格局和演化,从经济、社会、生态多个维度测度空间结构的绩效,从市场和政府不同机制角度探索空间组织规律;在行政区划方面,从地理学、政治学、经济学、公共管理学、历史学等多个视角透视行政区经济的本质,从行政区经济正反两个方面效应综合评价行政区划的作用,立足经济建设、政治建设、文化建设、社会建设、生态文明建设"五位一体"来探讨行政区划的运行规律。本丛书不仅要打造空间组织科学和行政区划科学的学术精品,而且要从空间维度为国家治理提供学术支撑和政策参考。

  是为序。

孙斌栋

华东师范大学中国行政区划研究中心主任

2021 年 7 月 31 日于上海

前言

城市规划者长期以来都在积极探索如何优化空间结构来应对城市规模扩大所带来的集聚不经济问题，其中多中心空间战略常常被当作城市空间治理的重要手段。从遍地开花的高铁新城、以北京通州为代表的新行政中心，到以上海五大新城为代表的新一轮"独立综合性城市"规划等，多中心空间战略在快速城镇化的中国开展得如火如荼。

但多中心空间战略实践效果的不确定性，使多中心政策受到了广泛的质疑。具体而言，多中心空间结构是否比单中心空间结构具有更好的经济绩效，即更高的收益或更低的成本呢？在不同城市规模的条件下，空间结构对于经济绩效的影响是否存在异质性呢？遗憾的是，相较于集聚"规模"影响城市收益—成本丰富的研究成果而言，集聚"结构"的影响并没有受到同等的重视。因此，现有的研究无法提供充分的证据来回应来自实践的质疑。

本书基于多中心空间结构的集中和集聚双重维度，定义多中心为经济活动远离主中心以后再次在高密度的次中心集聚的过程；以2004年、2008年和2013年全国经济普查中的从业人员数据为基础，在"市辖区"尺度上，描述了中国当前城市空间结构的基本现实；重点是从收益和成本两个方面检验了市辖区就业空间结构对经济绩效的影响，尤其是探讨了多中心空间结构的经济绩效在不同城市规模上是否存在异质性。本书主要发现如下：

第一，从经济收益角度来看，发现多中心空间结构是否有利于劳均生产总值的提高取决于城市人口规模。在规模较小的城市，单中心空间结构有助于增加劳均生产总值；而规模较大的城市，多中心空间结构更有利于提高劳均生产总值。

第二，从政府支出来看，作为多中心空间结构的维度之一，集聚有助于降低小城市政府支出占生产总值的比重；随着城市规模的扩大，集聚负外部性的增加会提高政府成本，大城市采取集聚的空间结构会显著增加政府支出占生产总值的比重，尤其是道路建设和垃圾处理等市政项目。集中与否作为多中心的另一个维度，对政府支出的影响不显著。

第三，从个人支出来看，小城市采取单中心空间结构有利于降低个人消费支出占劳均生产总值的比重；而大城市采取多中心的空间结构有助于降低个人消费支出占劳均生产总值的比重，可能的途径是减少交通、医疗和住房等支出，从而为节约个人所负担的城市成本提供了可选方案。

第四，从收益—成本的整体经济绩效来看，小城市采取单中心空间结构具有更高的经济绩效，而大城市采取多中心空间结构具有更高的经济收益和更低的个人成本，但同时也需要支出更高的政府成本。

在分析框架上，区别于以往仅仅基于经济收益层面的绩效检验，本书构建了一个收益—成本分析的经济绩效研究框架，从整体角度认知多中心空间结构给城市经济绩效带来的正负两个方面的影响；在定义和测度上，不同于以往忽视空间结构多维度内涵,本书将多中心空间结构去中心化和再集聚两个维度区分开来,有利于更好地识别多中心空间结构获得绩效的具体路径;不同于以往"一刀切"地认为多中心空间结构好或不好的结论,本书强调多中心空间结构的经济绩效受到城市人口规模的条件效应影响。

多中心空间结构在一定程度上为城市发展提供了新的增长动能,并为解决大城市的城市病提供了可行的方案。但是多中心空间政策需充分考虑城市规模的发展阶段,盲目推进存在一定风险。对于小城市来说,单中心空间结构是提高综合经济绩效的最佳空间结构选择;对于大城市来说,尽管多中心空间结构的经济收益更高,个人成本更低,但政府成本较高,因此大城市引导多中心空间结构要警惕政府债务风险。

本书付梓离不开孙斌栋教授从成文到出版全过程所付出的心血,衷心感谢诸多前辈和多位团队伙伴的指导与帮助。此外,本书的出版受到了国家自然科学基金青年基金项目(42001183)、教育部人文社会科学研究青年基金项目(20YJCZH233)、国家社会科学基金重大项目(17ZDA068)、中国行政区划研究中心项目的资助。

城市空间结构研究是城市地理学中最基础也是最经典的研究主题之一。笔者自从事研究工作以来一直在这个领域探索,但仅仅拾得零光片羽出版成此书。诚挚希望本书抛砖引玉,不仅能使同行从中有所受益,而且期待未来能共同贡献本领域更多精彩的研究成果。最后,不得不指出的是,限于笔者的学识水平,书中谬误之处在所难免,敬请学界同仁批评指正。

张婷麟
2021 年 7 月 26 日于上海

目录

总序
前言

1 绪论 ·· 001
　1.1 研究背景和问题提出 ··· 001
　　1.1.1 现实背景 ··· 001
　　1.1.2 学术背景 ··· 002
　　1.1.3 研究问题 ··· 003
　1.2 研究内容和框架结构 ··· 004
　　1.2.1 研究框架 ··· 004
　　1.2.2 本书结构 ··· 009
　1.3 本章小结 ··· 011

2 城市空间结构的基础概念 ··· 014
　2.1 城市空间结构的概念内涵 ·· 014
　2.2 空间结构形成的理论基础 ·· 015
　　2.2.1 空间向心力理论 ·· 015
　　2.2.2 空间离心力理论 ·· 015
　　2.2.3 单中心视角下的空间均衡 ·· 016
　　2.2.4 多中心视角下的空间均衡 ·· 017
　2.3 城市空间结构的认知与测度 ·· 018
　　2.3.1 城市空间结构的认知演化 ·· 018
　　2.3.2 城市空间结构的测度演进 ·· 020
　2.4 城市空间结构演化阶段论 ·· 022
　2.5 本章结论与启示 ··· 024

3 城市空间结构的基础事实 ··· 026
　3.1 美国城市空间结构演化的历史经验 ·· 027
　　3.1.1 美国城镇化的发展阶段 ··· 027
　　3.1.2 美国城市空间结构发展现实 ·· 028
　　3.1.3 对我国城市空间结构演化的启示 ··· 032
　3.2 中国整体城市空间结构的基础事实 ·· 033
　　3.2.1 研究对象及数据说明 ·· 033
　　3.2.2 单中心视角下的中国城市空间结构 ·· 035
　　3.2.3 多中心视角下的中国城市空间结构 ·· 040

    3.2.4 城市规模和空间结构的相互关系 ················· 046
  3.3 本章结论与启示 ······························· 047

4 多中心空间结构的经济收益 ························· 048
  4.1 引言 ······································· 048
  4.2 相关研究和文献 ······························· 049
    4.2.1 空间结构对经济收益的影响 ················· 049
    4.2.2 已有实证文献不足和理论假说 ··············· 050
  4.3 实证分析结果 ································· 052
    4.3.1 模型设定、数据和变量说明 ················· 052
    4.3.2 模型估计结果 ························· 054
    4.3.3 结果讨论 ····························· 060
  4.4 本章结论与政策启示 ····························· 064

5 多中心空间结构的政府成本 ························· 066
  5.1 引言 ······································· 066
  5.2 相关研究和文献 ······························· 068
    5.2.1 空间结构对政府成本的影响 ················· 068
    5.2.2 已有实证文献不足和理论假说 ··············· 070
  5.3 实证分析结果 ································· 072
    5.3.1 模型设定、数据和变量说明 ················· 072
    5.3.2 估计结果 ····························· 074
    5.3.3 结果讨论 ····························· 081
  5.4 本章结论与政策启示 ····························· 083

6 多中心空间结构的个人成本 ························· 086
  6.1 引言 ······································· 086
  6.2 相关研究和文献 ······························· 087
    6.2.1 空间结构对个人成本的影响 ················· 087
    6.2.2 已有实证文献不足和理论假说 ··············· 090
  6.3 实证分析结果 ································· 091
    6.3.1 模型设定、数据和变量说明 ················· 091
    6.3.2 估计结果 ····························· 094
    6.3.3 结果讨论 ····························· 105
  6.4 本章结论与政策启示 ····························· 110

7 多中心空间治理政策建议和研究展望 ··················· 111
  7.1 经济绩效综合分析 ······························· 111
  7.2 研究结论 ··································· 112

7.3 多中心空间治理战略建议 ……………………………… 114
7.4 多中心空间治理研究展望 ……………………………… 115

附录 ………………………………………………………………… 118
参考文献 ……………………………………………………… 127
图表来源 ……………………………………………………… 145

1 绪论

1.1 研究背景和问题提出

1.1.1 现实背景

城镇化进程下多中心实践成为趋势,但效果不乐观,有效性存疑。经济活动不断向城市集中是当今世界发展面临的基本现实。2007年,世界城市人口首次超过农村人口,至此,城市人口在全球人口占比中始终保持主导地位(United Nations,2015)。城市之所以存在并不断吸引企业和人的集聚,是因为集聚所引发的创新、生产和贸易的发展既带来了更高的收益(阿瑟·奥莎利文,2015),也提高了居民的生活水平。城镇化水平较高的国家,通常也拥有较高的人均产出(United Nations,2015)。

但是由于集聚不经济的存在,城市规模并不能无限扩张。人口规模的迅速膨胀使得交通拥堵、环境污染、地价高企等城市病成为城市管理的重大问题。巴黎、纽约、东京和首尔等大城市在特定阶段都曾经采取过通过行政力量来控制大城市的人口规模(屠启宇,2012)。在世界范围内,城市规模和交通拥堵延误之间呈现密切正相关关系,尤其是亚洲的大城市,城市规模过大带来的拥堵问题首当其冲(Barthelemy,2016)。

城市空间结构作为城镇化的结果,它的演化明确反映了城镇化过程(Knox et al.,2005)。二战结束后,世界上很多发达国家的城市规模急剧膨胀,市区的人口和产业不断集聚,用地向周围蔓延,形成了典型的单中心高度集聚的城市空间结构。但是单中心空间结构给城市经济效率、城市管理成本及个人生活都带来了很多问题。无序的郊区蔓延带来的低效率迫使各国的城市规划者开始探索如何调整空间结构来应对城市规模扩大所带来的集聚不经济问题,以进一步促进资源优化组织,实现国家和区域持续繁荣。即在城市规模日趋膨胀的背景下,寻找空间布局新的增长极,成为全球城市空间发展的重要趋势(石忆邵,1999;屠启宇,2012)。

多中心空间战略由此成为多个国家共同选择的思路,轰轰烈烈的新城运动是多中心思想在规划实践中的最佳代表之一(冯奎,2015)。如20世纪40年代末至60年代末,整个英国共有32个新城,规划者希望这些新城能吸纳200万人口;1965年巴黎制定"大巴黎地区规划和整顿指导方案"来应对人口膨胀所带来的新挑战,提出改变原单中心城市格局,在郊区发展了9个副中心;韩国的新城政策开始于20世纪60年代,根据第一次和第二次"国土综合开发计划",推动首尔附近的新城建设和快速发展,以分散首尔人口;中国在苏联规划模式和西方有机疏散、卫星城等理论的影响下,上海、北京、天津、南京等都规划了一批新城。截至2015年,我国县级及县级以上的新城新区数量总计超过3 000个。其中,国家级新区17个;各类国家级经济技术开发区、高新区、综保区、边疆经济合作区、出口加工区、旅游度假区等约500个;各类省级产业园区1 600多个;较大规模的市级产业园区约1 000个;县级以下的各类产业园上万计(冯奎,2015)。

但从多中心空间战略实践来看,多中心理念是否有效,能否缓解单中心城市的城市病,受到了各方质疑。英国新城对于减轻中心城人口压力确实起到了积极作用,但远没有实现既定目标,新城对大城市人口的疏散作用不明显,而是更多地发挥了阻截外来人口流入大城市的作用。日本和韩国的新城虽然在一定程度上起到了疏解中心城人口的作用,但由于新城缺乏相应的就业和服务配套,新城职能更倾向于卧城,反而因为相互通勤增加了交通等问题的复杂性。埃及、伊朗等第三世界国家新城效果较差,其疏解中心城的功能尚未体现(王旭辉等,2011)。从中国最近一二十年的实践来看,多数城市中心城蔓延依旧,而次中心吸引力不足;不少新城房地产过剩,且缺乏就业岗位和高质量的公共服务设施,甚至导致了"鬼城"的出现。孙斌栋等(2010)对实施多中心空间战略多年的上海的研究发现效果同样不容乐观。

综上现实背景,多中心空间战略已经广泛成为各个国家进行城市空间治理的思路选择,但在现实中,多中心实践由于其效果的不确定性,其有效性存疑。然而如下文所述,现有的学术储备不足以回应这些问题。

1.1.2 学术背景

多中心空间结构的经济绩效如何,现有学术储备尚未取得一致认识,也就无法回应实践质疑。集聚对城市收益—成本的影响已经得到了丰富的实证支撑(Henderson,1986;Kelley,1977;Moomaw,1981)。但主要成果集中在集聚的规模和强度,即通常用人口和就业的规模或密度来反映。从理论上讲,集聚不仅包含集聚规模和强度,而且应涉及集聚的空间结构。集聚的空间结构决定了经济活动的空间组织和相互关系,对城市的收益和成本具有不容忽视的影响。多中心模式即集聚的空间结构表现之一。但总体而言,集聚的空间结构尤其是多中心空间结构的经济绩效研究储备匮乏,使得其对多中心空间战略的实践支撑乏力,主要体现在以下几个方面:

首先,已有成果无法明确回答多中心空间结构是否具有经济绩效。多中心空间结构的已有经济绩效研究缺乏收益—成本两个方面的权衡,尤其是对其成本核算缺乏关注。多中心空间战略实践需要一个统一的理论框架对其经济绩效进行综合判断,具体而言,从收益—成本的角度来看,哪种空间结构更有利于收益的提高和成本的下降,亟须通过严谨的学术检验进行验证。以往仅仅片面关注其中一个方面,尤其是经济收益部分(Lee et al., 2007; Meijers et al., 2010; Zhang et al., 2017),不利于从整体剩余角度对多中心空间结构的经济绩效进行合理的评价。此外,已有的经济收益部分实证结果尚不明确,研究方法也存在改进空间。

其次,已有成果无法解释多中心空间结构通过什么路径作用于经济绩效。在以往对多中心空间结构的经济绩效评价中,多中心的测度往往是单一维度的,对多中心空间结构的认知缺乏多维视角。城市空间结构的形成是向心力和离心力共同作用的结果(Henderson, 1974; Fujita et al., 1982),因此多中心是在离心力的作用下去中心后受到向心力的作用重新集聚的过程(Anas et al., 1998)。单一维度的多中心空间结构测度及其经济绩效评价,使得其经济绩效具体体现在哪一条作用路径并不能得到回答,是通过去中心化减少了集聚不经济还是通过再集聚增加了集聚的正外部性?

再次,是否不同规模的城市都适宜实施多中心空间结构战略缺乏严格的理论支持。多中心政策的最初目的在于解决大城市带来的集聚不经济问题,因此,城市规模是否对其经济绩效存在条件效应需要检验。面对世界各地不同规模城市如火如荼的多中心建设实践,现有研究对于多中心空间结构在什么规模条件上是有效的并没有给出确切的答案(Holcombe et al., 2008; Meijers et al., 2010; Li et al., 2018a)。

最后,当前关于多中心空间结构的经济绩效研究的学术成果缺乏对中国城市"市辖区"尺度的关注。一方面,市辖区作为高度城镇化地区比较同质,最接近真实城市的概念;另一方面,市辖区也通常由于过度集聚成为空间优化战略尤其是多中心空间战略实施的重要地域单元。以往中国的相关研究已在多个尺度展开,如市域(杨青山等,2011;刘修岩等,2017;Li et al., 2018b)、省或城市群(张浩然等,2012;侯韵等,2016;刘修岩等,2017)等尺度,除了刘修岩等(2017)涉及市辖区尺度的经济收益评价,中国市辖区单元上关于多中心经济绩效的研究还不够充分,这不利于对当前城市规划中多中心实践成果不佳进行对应尺度的反馈。

1.1.3 研究问题

从现实背景和学术背景来看,大规模的多中心空间实践对多中心空间结构的有效性检验提出了迫切的需求,但现有成果无法为其提供科学基础,更无法为实践提供未来方向的引导。基于此,本书从中国城市市辖区多中心空间结构现状的多维认知入手,核算不同城市规模条件下城市多中

心空间结构的经济收益和成本,重点确定了以下四个研究问题:

第一,多中心如何影响经济收益?不同规模城市多中心的经济收益是否不同?

第二,多中心如何影响政府成本?不同规模城市多中心的政府成本是否不同?

第三,多中心如何影响个人成本?不同规模城市多中心的个人成本是否不同?

第四,不同城市规模下如何调整空间结构使得整体经济绩效(收益—成本)最优?

本书以"中国城市空间结构的经济绩效"为选题,旨在为中国城市空间结构优化提供学术基础。这不仅有助于树立正确的城市空间发展理念,而且重要的是,关系到我国当前大城市空间战略的成功,也关系到我国大城市未来的空间发展政策导向。

1.2 研究内容和框架结构

1.2.1 研究框架

本书研究框架的思路线索主要从选题中的两个关键词"结构"和"绩效"展开。新制度经济学派代表人物道格拉斯·C.诺思(1992)在《经济史上的结构和变革》(*Structure and Change in Economic History*)第一章第一句中就点出了这两者之间的关系:"我把经济史的任务理解成解释整个时期的结构和绩效。所谓'绩效',我指的是经济学家所关心的、有代表性的事物,如生产多少、成本和收益的分配或生产的稳定性。……所谓'结构',我指的是被我们认为是基本上决定绩效的一个社会的那些特点。这里,我把一个社会的政治和经济的制度、技术、人口统计学和意识形态都包括在内。"

从中可以归纳出两点重要信息,"结构"和"绩效"为全书的研究框架提供了思路线索:第一,结构是决定绩效的那些根本社会经济特征;第二,绩效不仅包含狭义的"收益"概念,而且包含"成本"概念。

1) 思路一:关于空间结构的认知

诺思的"结构"重点针对经济史上的社会经济结构,而空间结构正是社会经济行为在空间上的映射结果。"空间并不是一个预先给定的东西,而是社会实践的产物"(Lefebvre,1991),社会关系和空间关系之间存在辩证交互作用(爱德华·W.苏贾,2004)。不同社会属性的人群具有分化倾向,而相同属性的群体则具有集聚倾向,这使得城市内部空间根据社会关系不断重组构成空间结构(唐子来,1997;张庭伟,2001)。洛杉矶学派的空间思想支撑——城市空间结构的多中心模型的起点,即发现城市空间功能布局的变化反映了当时后福特生产方式下社会结构和产业结构的变化。随着生产关系的转变,传统工业区的减弱、分散生产中心的出现(爱德华·W.苏贾,2004),城市整体的空间结构逐渐由单中心圈层向多中心分散网络发展。

因此,"空间结构"无疑也是决定绩效的社会经济结构表征。而研究空间结构的经济绩效,即探索空间结构形态背后不同社会经济活动的空间组织模式是如何影响经济绩效的。基于诺思的认知,似乎问题并不在于结构是否决定绩效,而是什么才是真正的"结构"(陈睿,2013)。本书遵循这一思路,认为界定空间结构的内涵是后续研究经济绩效的重要基础。本书将空间结构的认知概括为两大视角:集中集聚视角和多中心视角(图1-1)。

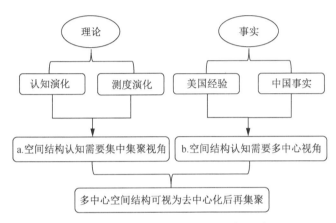

图1-1 本书关于空间结构的认知思路

首先,本书基于理论综述,发现对于中国城市空间结构的认知需要多维视角。在理论上,本书从城市空间结构的形成动因,即空间向心力和离心力的平衡理论出发,总结城市空间结构认知和测度的演化过程,发现随着对空间结构维度认知的清晰化和空间结构研究的丰富化,对城市空间结构的理解倾向于将多个维度区分开来,从形态上至少可以分为集中和集聚两个维度(表1-1)。集中和集聚的主要差别是,集中维度主要描述经济活动在整体空间上是靠近主中心分布还是远离主中心分布;而集聚被定义为一种测度经济活动是以低密度的形式分散布局还是以高密度的形式集聚在某些就业中心的维度。

其次,本书基于事实描述,发现对中国城市空间结构的研究需要多中心视角。美国都市区空间结构的历史发展经验启示中国的城市空间需要向更有效率的多中心模式转型。对单中心视角下中国城市空间结构进行基本描述后也发现,当前中国大部分城市的空间结构不再符合单中心模型的假设,多中心空间结构更加符合现实。

综上,本书重点关注中国城市的"多中心空间结构",从集中和集聚两个维度出发,定义多中心城市空间结构是去中心化后再集聚的结果。

表 1-1 城市空间结构的维度

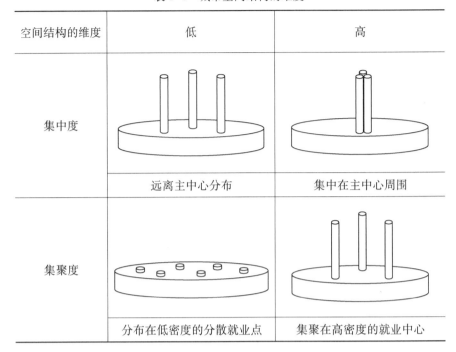

空间结构的维度	低	高
集中度	远离主中心分布	集中在主中心周围
集聚度	分布在低密度的分散就业点	集聚在高密度的就业中心

2) 思路二:关于经济绩效的评价

诺思对结构绩效的定义既包含生产了多少,也包含收益和成本的分配,即绩效是"收益"和"成本"的综合。在空间结构绩效研究领域,狭义的绩效研究停留在用经济总产出或者人均产出来评价经济增长的绩效高低,缺乏对成本部分的关注。因此,本书中空间结构的经济"绩效"从收益、成本两个方面进行评价。以下部分将基于这种收益—成本分析框架来阐述本书实证部分的思路。

收益—成本分析在城市经济学和新经济地理学领域并不罕见,主要用于城市规模的相关研究。阿隆索(Alonso,1971)最早将城市规模的收益和成本用微观经济学中生产曲线的方式进行综合分析。结合紧随其后的研究(Arnott,1979;Kanemoto,1980;Schweizer,1983),藤田昌久(Fujita,1989)提供了一个基于人口生产函数(Population Supply-Income Function)和人口成本函数(Population Cost Function)的剩余分析框架,利用两者的差值证明了理论上城市最优规模的存在。后续大量的相关实证都基于这些理论框架并为此提供了现实证据(王小鲁等,1999;Au et al.,2006;Zheng,2007)。

已有理论和实证研究均承认城市规模对城市存在正面的集聚经济和负面的集聚不经济效应。城市多中心空间结构作为城市集聚内部的结构,对集聚经济和集聚不经济的平衡存在着调节作用。因此,本书拟进行的城市多中心空间结构经济绩效研究同样可以放在收益—成本这一理论框架中进行分析。多中心空间结构对城市整体的收益和成本具体起到了怎样的作用？在不同城市规模的条件下，这种对收益—成本的影响是否会不同？这是本书重点关注的两个问题。参考已有的收益—成本理论框架及最优城市规模的实证研究基础，本书建立起一个简单的空间结构经济绩效理论分析框架(图1-2)，并提出本书的两点核心猜想。

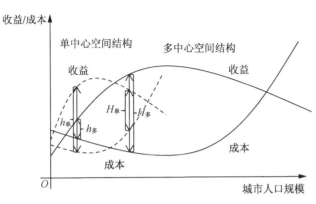

图1-2　不同规模下空间结构的收益—成本均衡示意图

猜想一：空间结构的经济绩效是其收益和成本之间的均衡。如果某种空间结构比另一种空间结构拥有更高的经济收益，同时承担相对较低的经济成本，那么从整体均衡来看，前者能获得更好的经济绩效。

猜想二：不同人口规模条件下适宜的空间结构可能不同。小城市由于自身规模较小更需要依靠集聚获得规模经济，因此单中心可能比多中心空间结构经济收益更高，而成本更低（$h_{单} > h_{多}$）；大城市正好相反，随着集聚不经济的快速增加，多中心空间结构可能会比单中心获得更高的收益，付出更低的成本（$H_{多} > H_{单}$）。

本书以此收益—成本分析框架为依据构建了城市多中心空间结构的收益和成本相关模型，并采用计量经济的方法对其进行了定量分析。

城市收益的代理变量选择相对比较直观。由于地区生产总值是该地区在一定时期内运用生产要素所生产的全部最终产品（物品和劳务）的市场价值，因此地区生产总值（Gross Domestic Product，GDP）[①]非常适合作为城市空间结构经济收益的货币衡量指标，也是以往相关研究常用的代理变量。本书将城市的收益分为两个部分，即 $GDP = GDP_c + GDP_{STU, POP}$，$STU$ 和 POP 分别代表城市的空间结构和人口规模。GDP 中与城市规模及空间结构无关的部分被记为 GDP_c，另一部分 $GDP_{STU, POP}$ 即本书关注的核心部分，反映受到城市规模及空间结构影响的总产出部分。和城市规模及空间结构相关部分的 GDP 占 GDP 总产出的比重为 $gdp_{STU, POP} = GDP_{STU, POP}/GDP$。

由于城市的成本难以直接测量，建立成本函数十分困难。本书借鉴以往城市规模收益—成本研究中所采用的成本测度方法，建立政府和个人两个部分的城市成本函数（王小鲁等，1999，2000）。该成本函数的构建思路是基于 GDP 支出法核算过程中的部门分类法。城市生产所获得的 GDP 从支出渠道划分可以被看作消费(C)、投资(I)和政府购买(G)的加和(本书基于城市尺度,为简化分析不考虑国外部分)(图 1-3)。

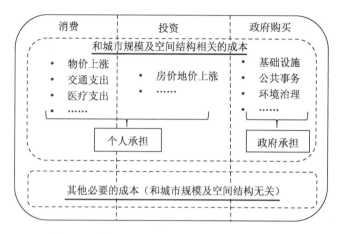

图 1-3　基于 GDP 支出法分类的城市成本来源

注:个人住房支出在 GDP 的核算中属于投资,但在本书中将其计算在个人消费成本部分。

财政支出是政府为提供公共产品和服务,满足社会共同需要而进行的财政资金的支付②。戴蒙德(Diamond, 1977)通过影响因素分析发现城镇化率是影响发展中国家的"瓦格纳法则"成立(政府支出相对规模增长速度超过经济总产出的增长速度)的重要原因,且城镇化的影响在亚洲地区最大。由此可知,除了必要开支(无论多大规模的城市、何种模式的空间结构,政府都必须付出的必要公共开支比例)以外,政府有另一部分的支出,是用于消除随着城镇化的发展和人口规模的增加所带来的负面外部效应的,如较高的城市公共基础设施投资和管理成本、城市社区和公共事务管理成本以及环境治理投资等(王小鲁等,1999)。当城市规模过大时,这些成本会上升得更快,但合理的空间结构组织有利于减少城市规模扩大所带来的成本从而减少政府公共事务的支出。因此,本书建立的城市规模与城市空间结构影响下的政府支出函数为 $g = g_c + g_{STU, POP}$,借鉴已有城市规模成本核算的研究成果(王小鲁等,1999),定义 $g = G/GDP$,即城市财政支出总数 G 占总产出的比重。除了政府支出中与城市人口规模及空间结构无关的财政开支部分 g_c,如果财政支出比例有一部分受到城市规模及空间结构的影响,则说明政府还付出了额外支出 $g_{STU, POP}$,用以对城市规模扩大和空间结构布局进行补偿。

同样,个人消费支出主要是个人或者家庭为了满足生活需求而进行的费用支出。借鉴城市经济学中城市规模成本研究的通用做法,个人消费常常被当作个人成本(王小鲁等,1999;Zheng, 2007),即本书定义的广义上的个人成本是指城市中的劳动力为了更好地创造生产价值而付出的各项支出总和。在个人消费支出中,同样假定有一部分费用不随城市规模和城市空间结构的变化而变化,而另一部分因人口集聚和空间布局而导致的额外支出即个人所负担的城市成本,主要包括生活物价成本上升以及生活质量下降。一方面,物价成本上升主要是由于稀缺的土地资源无法负担城市人口的增加从而带来更高的城市地价,以及地价上涨随之带来的消费品物价上升。其中值得注意的是,个人的住房购买支出在 GDP 的核算体系中属于投资部分,但由于这部分通常是由个人支出分担,在本书中将其计算在个人消费成本部分。另一方面,生活质量的下降,主要体现在人口扩张带来的交通拥堵和环境污染的增加,尽管这部分不容易被估计,但可以大致由交通拥堵带来的出行费用增加、环境恶化带来的医疗等费用的增加来反映,因而基本上包括在增加的生活费用中(王小鲁等,1999)。合理的空间布局有利于通过控制房价、缓解交通、优化环境等途径来减少个人成本。基于此,个人需要负担的成本为 $c = c_c + c_{STU, POP}$。其中,c 代表由居民负担的城市外部成本占劳均产出的比重;$c_{STU, POP}$ 代表个人所负担的城市规模及空间结构的成本测度;c_c 为居民成本中与城市人口规模及空间结构无关的常规支出。

理论上城市的成本同样也包括企业部门承担的工资成本和投资成本,但这些成本已经包含在生产函数中企业的中间品物质成本中(GDP 是最终产品的价值总和),也有一部分被政府和个人所承担,因此在本书中不进行重复计算(王小鲁等,1999)。此外,需要承认的是,本书将政府支出和个人支出中随着城市规模和空间结构变化的部分均视为城市规模扩张和结构调整而增加的额外成本,这种方法存在一定的缺陷。政府支出中有一部分是政府部门为了带动本地经济发展进行的投资活动,个人支出中也有一部分是为了满足更高生活品质的追求而支付的休闲娱乐等费用,这些在通常意义上不是成本的概念,由于当前数据的不可得性,暂时无法将其从总支出中剥离出来,因此本书在成本的核算过程中仍然采用这种不完美的方法并在本书的研究展望部分承认了不足,但旨在为城市空间结构成本核算领域提供一次探索性地尝试。同时,本书还提供了分类别的成本和空间结构关系的检验结果,如政府支出中垃圾处理等市政投资支出,个人支出中的交通、医疗等支出,这些支出项目尽管不全面,但与城市的成本具有更加密切的联系,旨在为本书的核心结论提供稳健支持。

综上,在本书进行经济绩效的核算过程中,选择 GDP 作为经济收益的衡量,构造生产函数计算和城市规模及空间结构相关部分的 GDP 占 GDP 总产出的比重;以政府财政支出占 GDP 的比重作为政府成本的测度;以个体消费支出占劳均 GDP 的比重作为个人所负担的成本的测度。由此综合考量经济收益、政府成本、个人成本的均衡,若经济收益大于政府和个人成本之和,则该空间结构具有相对更好的经济绩效。

1.2.2 本书结构

本书具体的结构如下(图 1-4):基于城市空间结构理论、城市最优规模理论、城市经济增长理论和公共财政支出理论等多学科文献研究,整理集普查数据、年鉴数据、地形数据、空间数据等多源数据的数据库,为研究主体部分提供基础支持。本书的主体部分遵循内涵与实践、绩效分析、规律政策的研究路线展开。

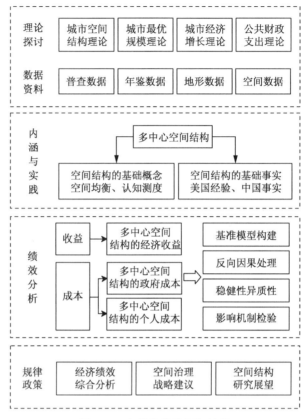

图1-4 本书整体的框架结构

第1章,绪论。首先,交代了本书的现实背景和学术背景,并提出了研究问题;其次,介绍了本书的研究框架和本书结构;最后,从分析框架、概念定义、研究内容、研究尺度四个方面提炼了本书的主要贡献。

第2章,城市空间结构的基础概念。本章结合文献研究,厘清空间结构的基本概念。多中心空间结构是向心力和离心力共同作用下产生的平衡结果,因此首先从向心力和离心力两个角度回顾相关经典理论。其次讨论了城市空间结构认知和测度的演化进程,为本书空间结构的测度奠定基础。最后从理论上提供城市规模对空间结构演化及其经济绩效存在条件效应的依据。

第3章,城市空间结构的基础事实。本章首先总结了美国城镇化的发展阶段以及都市区空间结构的发展现实和未来趋势,旨在为当前正处于传统城镇化向新型城镇化转型的关键节点的中国城市提供空间优化上的经验启示。其次提供了一个对中国当前的城市空间结构的基础事实描绘,并构造了中国地级及以上城市市辖区尺度的集中—去中心化和集聚—分散两个维度的空间结构指数,作为后续三章实证部分的空间结构基础测度指标。此外,本书的研究对象、空间结构数据处理流程也在本章进行说明。

第4章,多中心空间结构的经济收益。本章拟解决的问题是多中心空间结构如何影响经济收益,不同规模城市其多中心的经济收益是否不同。首先基于个体和时间双固定的面板模型来建立基准回归模型,随后采用工具变量法和更换空间结构测度法作为稳健检验,结果都发现空间结构和经济绩效之间并不存在一个简单的平均效应,但城市规模对其存在条件作用,城市规模达到一定的门槛后,多中心空间结构更有利于提高城市劳动生产率。

第5章,多中心空间结构的政府成本。本章拟解决的问题是多中心空间结构如何影响政府成本,不同规模城市其效应是否不同。将政府支出占GDP的比重作为因变量,通过双重固定面板模型进行多元回归,结果显示在小城市集聚更容易节约政府成本;在大城市集聚带来的负外部性使得政府的成本随之上升。同样,采用工具变量法、更换空间结构的测度以及更换因变量为人均政府支出作为稳健检验,证实了基准回归的结论。在结果讨论中,补充了空间结构与不同类别的政府公共设施投资支出的关系,发现在规模较大的城市,道路桥梁和垃圾处理的投资支出会随着城市集聚而增加。

第6章,多中心空间结构的个人成本。本章拟解决的问题是多中心空间结构如何影响个人成本,不同规模城市其效应是否不同。利用2010年中国综合社会调查(CGSS)的个体社会抽样调查数据和城市2008年的空间结构指数,基准回归结果研究从个体消费支出角度出发,证实在大城市多中心空间结构中个人支出较少,而在小城市单中心空间结构中个人支出更少。通过不同支出项目的异质性分析发现,大城市多中心空间结构主要通过减少交通通信、医疗支出和住房支出三条路径来降低个人成本。更换空间结构指数和规模半参数模型的稳健检验进一步证实了基础回归的结论。

第7章,多中心空间治理政策建议和研究展望。本章首先对前文经济收益、政府成本和个人成本的实证结果进行了综合分析,发现小城市单中心的整体经济绩效更好(经济收益更大,政府和个人成本更小),而基于经济收益和个人成本的综合分析发现大城市多中心的空间结构经济绩效最好,但政府成本可能更高。其次根据研究结论提炼了本书的政策启示和未来展望。

1.3 本章小结

本书在以往理论和实证研究的基础上,梳理了相关文献并描述了中国城市当前的空间结构基础事实,从多中心空间结构的经济收益、政府成本、个人成本三个方面切入，分别研究随着城市规模的扩大，多中心空间结构对于这三个方面的作用是如何变化的，最终得出一个收益—成本视角下的空间结构对整体经济绩效的影响结果。本书的创新之处包括以下几点：

第一，在分析框架上，本书为空间结构的经济绩效研究提供了完整的收益—成本分析的理论框架。不同于以往多中心空间结构经济绩效研究片面基于经济收益层面，本书的收益—成本框架通过比较空间结构给城市带来的积极和消极两个方面的影响，理论上可以获得一个整体的均衡结果，更有利于对城市空间结构经济绩效的完整认知。同时，不同于以往框架中仅强调城市集聚规模对经济绩效的影响，本书补充证实了集聚内部的结构对经济绩效的作用。

第二，在概念定义上，从多维视角重新认知实证研究中的多中心空间结构。不同于以往研究将单—多中心空间结构直接作为一个研究维度，本书基于多中心空间结构的过程，定义多中心的城市空间结构是经济活动在离心力的作用下去中心化后，重新受到向心力的作用在外围次中心集聚的一个结果。在进行收益—成本分析时将这两个受力方向不同的空间过程区分开来，有助于了解多中心空间结构作用于经济绩效的路径机制。

第三，在研究内容上，证实了城市规模对空间结构的经济绩效存在条件效应。不同于以往"一刀切"地认为多中心好或不好的结论，本书在以往城市发展阶段理论的基础上提出多中心经济绩效的好坏在不同城市规模上存在异质性。研究发现并非所有城市都适宜发展多中心空间结构，小城市发展单中心空间结构更有经济绩效，而大城市发展多中心空间结构才可能有利可图。

第四，在研究尺度上，补充了一个市辖区尺度的实证结果。不同于以往空间结构经济绩效基于国家、区域（省/城市群）、市域尺度，本书选择市辖区作为经济绩效检验的尺度。一方面，市辖区既是城市空间结构转型（如郊区化、主中心蔓延等城镇化现象）所依托的重要地理单元，也是政府执行新城新区等城市规划战略的重要基底，缺乏相应的空间结构经济绩效检验就不利于回答实践过程中所遇到的问题；另一方面，市辖区作为高密度的城镇化地区，是相对比较同质的地域实体，最接近真实"城市"概念，适合基于统一劳动力市场进行空间结构的经济绩效均衡分析。

本书对实践政策的贡献在于为我国空间优化方案的制订和多中心规划战略的实施提供学术支撑。关于如何进行空间优化，多中心城市规划战略是否有效，政策界一直处于争论状态。本书认为，多中心空间政策需要充分考虑城市规模条件，盲目推进多中心空间结构战略有风险。对于小城市来说，单中心空间结构是提高综合经济绩效的最佳选择；对于大城市来说，尽管多中心空间结构的经济收益更高，个人消费支出更低，但政府支出较高，因此需要警惕政府债务风险。

注释

① 2005年国家统计局修改了GDP的核算标准,各省、区、市在计算人均GDP时,统一使用人口统计中的常住人口数量,而不再按照户籍人口来进行计算。同时,地区GDP的中文名称以"地区生产总值"的名称所代替。

② 主要有:保证国家机器正常运转、维护国家安全、巩固各级政府政权建设的支出;维护社会稳定、提高全民族素质、外部效应巨大的社会公共事业支出;有利于经济环境和生态环境改善,具有巨大外部经济效应的公益性基础设施建设的支出;在市场机制还不完善的条件下,对宏观经济运行进行必要调控的支出等。主要支出功能科目包括:一般公共服务、外交、国防、公共安全、教育、科学技术、文化体育与传媒、社会保障和就业、社会保险基金支出、医疗卫生、环境保护、城乡社区事务、农林水事务、交通运输、采掘电力信息等事务、粮油物资储备及金融监管等事务、国债事务、其他支出和转移性支出(定义来源于中华人民共和国财政部)。

2　城市空间结构的基础概念

2.1　城市空间结构的概念内涵

城市是一个混乱、复杂且综合的结合体,无法用单一学科来进行研究和阐释。城市内部的空间结构作为城市研究的经典领域,其多学科交叉的特点更为明显。不同学者对此建立了不同概念的认知,且城市空间结构和城市空间形态等概念之间的关系相互交融,界限并不明显。

早期一部分学者认为城市空间形态是城市空间结构的其中一个维度。最早试图建立城市的空间结构具体概念是在《城市结构的探索》(*Exploration into Urban Structure*)一书中,该书对城市结构进行定义时提出,城市结构分为空间和非空间两种属性(Foley, 1964; Webber, 1964)。其中,城市空间结构还包含了形态和过程两个方面,前者为静态的活动空间,即城市结构要素的空间分布模式;后者为动态的活动空间,指的是空间要素之间的相互作用关系,如交通流等。后来有学者进一步丰富了城市空间结构的概念,在城市要素的空间分布和相互作用的基础上,提出他们的内在构成机制也是城市空间结构的组成部分(Bourne, 1971)。

与之不同的是,另一批学者认为城市空间结构是城市空间形态的维度之一,认为城市空间形态是"城市人口和就业的空间集聚程度"(Anas et al., 1998),"人类活动的空间分布模式"(Anderson et al., 1996)。而空间结构模式与密度、多样性一起构成了城市形态的三个维度(Tsai, 2005)。城市的空间结构模式,可以基于土地利用、人口分布、就业分布等现象,分为多中心和单中心、集中化和去中心化、连续和不连续开发等多种模式。

本书采用的是后者城市空间结构概念,认为城市空间结构是城市形态分布的某种模式。城市空间结构和城市形态一样,均高度依赖于地理尺度,因此,空间结构类型在不同尺度上的表现也会很不相同,例如,一个尺度上的多中心可能在另一个尺度上表现为单中心(Hall et al., 2006; Taylor et al., 2008; Vasanen, 2012)。多中心这一空间结构的概念在不同的地理尺度上都被探讨过,比如城市内(Anas et al., 1998; Luo et al., 2009; Meijers et al., 2010)、区域(Dieleman et al., 1998; Li et al., 2010)、全球(Henderson et al., 2007;张亮靓等,2017)。空间结构的经济绩效同样存在空间尺度的异质性,在不同研究尺度上得到的结论也截然不同(Veneri et al.,2011,2012;刘修岩等,2017)。

2.2 空间结构形成的理论基础

2.2.1 空间向心力理论

城市向心力即集聚经济是解释城市存在及其空间结构形成的重要原因。古典时期城市规模较小,当时对城市集聚力的论述要远远超过城市分散力。亚当·斯密(2015)认为集聚可以通过分工交换来使得彼此得到利益、节约交易费用,人们为了获得专业化与分工的好处而聚居在一起。一百年后,马歇尔(Marshall)对整个经济学进行了大综合,专业化和分工的概念被"规模经济"替代。马歇尔(2010)认为外部经济和空间集聚密切相关,同一个产业的生产者集聚在一起对生产有利的原因(城市向心力形成的原因)有三个:劳动力市场的相互作用;中间产品和最终产品供应商之间的联系;知识外溢。类似的还有杜兰顿等(Duranton et al.,2004)基于理论机制的分类目标,将集聚的微观基础分为共享、匹配和学习三类。

新古典经济学家假定集聚来源于技术外部性,认为集聚效应通过影响个人效用或者厂商的生产函数来实现。尽管这种纯粹的外部性假设并不完美,相当于把集聚效应放进了一个黑箱中,但至少在一定程度上促使城市经济学家思考,为什么城市以及城市的核心区域会存在(Fujita et al.,1999)。

2.2.2 空间离心力理论

古典区位理论是城市经济学领域离心力研究的发端,也是空间经济学中最重要的理论之一,激发了无数人进行后续的研究。比较经典的有:杜能(Thunnen)的孤立国(The Isolated State)理论、韦伯(Weber)的工业区位论(Theory of Industrial Location)、克里斯泰勒(Christaller)和廖什(Lösch)的市场范围分析(Market Area Analysis)。

杜能的孤立国理论假定均质平原中央仅有一个城市,周围是为其供应农产品且追求利益最大化的农户,他们在地租和产品的运输成本之间进行权衡。由于不同农作物的运费和总量不同,因此农作物的生产最终会呈现同心圆的形式围绕城市分布。由于在杜能的模型中城市中心是外生给定的,因此城市如何形成的思想被人为忽视了。他的模型便于解释"离心力",即经济活动是如何远离中心的,但对于使经济活动在城市集中的"向心力"的解释乏力(赵红军,2005)。同样,后期的区位论也都是基于外生给定的中心,并借用了物理学、几何学的概念,解释生产者如何在城市中心周围布局。

大约从 1970 年起,以阿隆索为代表人物的新城市经济学理论出现,该理论被用来分析城市内部土地使用的最优市场均衡。这一学科的模型直接来源于杜能的孤立国理论,只不过农民变成了经常来往于城市和农村的人。该学科的经典模型是一个标准的单中心模型(Mono-Centric Model)。新城市经济学主要关注分散化或者郊区化,他们认为分散起源于收入的增加,以及通勤时间的减少和成本的降低。此外,新城市经济学模型发现人们居住在距离中央商务区(CBD)不同范围的地点可以获得不同的效用水平,这样的城市空间结构能使得社会福利最大化。但是随着城市规模的扩张和边缘城市的形成,以单中心为主的模型已经不再是对现实合情合理的近似。

2.2.3 单中心视角下的空间均衡

从单中心的视角来看,城市向心力和离心力的平衡给了城市的集聚经济一个"范围",即城市是有增长边界的,理论上可能存在最优规模。对于最优规模理论的探讨由来已久,并随着城市病等问题的加剧进一步深化。这里需要承认的是,无论是何种理论和模型,城市的最优规模只是一个分析框架,更为现实的城市规模必然是由市场决定的,而不受限于人为设定的门槛。由于单中心城市经济理论模型是研究城市内部空间结构较为成熟的理论模型,故在这些城市最优规模理论构建时基本都是建立在单中心城市空间结构的假设之下。

1) 将空间纳入经济学均衡分析

第一次把空间纳入经济学均衡分析的重大努力发生在 20 世纪 50 年代,由沃尔特·艾萨德(Walter Isard)领导。艾萨德的开创性贡献是把杜能、韦伯、克里斯泰勒和廖什的理论放入一个易操作的框架中,把区位看作一般均衡中的另一个选择变量,参与厂商利润最大或者成本最小的决策模型中,由此艾萨德认为就可以用已有的经济工具处理空间问题了。

还有一批研究者在城市体系的基础上探讨城市规模的空间均衡,但此时城市仍然被当作一个点,继而探讨不同城市的规模分布问题。由于正的城市外部经济会促使生产集中,同时还有其他一些因素如拥挤或土地成本,它们会促使生产分散,因此理论上存在城市最优规模。其中,最经典的是亨德森(Henderson,1974)的城市系统模型。亨德森认为外部经济和城市产业的地理集聚有关,而外部不经济与大城市之间的通勤成本有关。城市规模和社会福利之间存在博弈,在两者的抉择作用下,每个城市都会趋近最优规模。

2) 收益和成本的剩余分析

早期城市经济学和后期空间均衡分析中相对比较适合进行实证的理

论框架是城市最优规模理论中的收益—成本剩余分析。人口规模带来集聚经济的同时也会产生交通拥堵、环境污染等集聚不经济。当集聚经济等于或者超过集聚不经济时，城市达到最优规模（Alonso，1971；Dixit，1973；Kanemoto，1980）。

阿隆索（Alonso，1971）是将微观经济学中的生产曲线用于城市规模的收益和成本分析的先驱。从个体角度来看，最优的城市规模是平均收益和平均成本差距最大的点；而从社会整体角度来看，最优规模在边际产出与边际成本相交处达到。巴顿（1984）在边际成本分析的基础上，认为最优规模可能取决于政府（边际成本＝边际收益时达到最优）、居民（平均收益－平均成本最大时达到最优）、将要前来的移民（平均收益＝平均成本时达到最优）。

藤田昌久（Fujita，1989）构造了基于人口供给—收入函数（Population Supply-Income Function）和人口成本函数（Population Cost Function）的剩余函数分析法，认为城市人口规模理论上存在最优值。

另一个典型的最优规模理论——亨利·乔治定理（Henry George Theory），与成本—收益剩余分析异曲同工。该理论认为，随着人口增加，本地公共服务设施的固定成本可以被大量市民分担，带来规模报酬递增，鼓励城市集聚；然而由于土地资源的稀缺性，人口集聚也会带来交通成本递增进而导致边际成本递增，经济活动空间分散。当一个城市的人口达到最优规模时，城市的总地租等于总公共产品支出。该定理在多种规模经济来源和规模不经济来源的条件下仍然成立（Arnott，2004）。

2.2.4 多中心视角下的空间均衡

单中心模型越来越不符合城市发展现实，迫使理论也不得不开始考虑集聚的结构问题。藤田昌久（Fujita et al.，1999）认为传统的城市经济学中的集聚都缺乏空间的尺度，因为它们不解释与距离有关的向心力和离心力作用的效应（即外部性能达到多大的范围）。以藤田昌久为代表的新经济地理学学者在以往原理的基础上，提出了不完全成本、报酬递增等概念，正视了交通、运输成本在城市经济体中的作用，构建了新的理论框架（赵红军等，2007）。他们将以往主流经济学均衡分析框架无法解释的"空间"因素以"冰山运输成本"的形式巧妙纳入，由此通过规模经济带来的空间集聚力和通过运输成本的存在带来的空间离散力的权衡，为城市多中心空间结构的形成提供了解释，使得空间均衡模型更加贴近于现实。

但自20世纪70年代以来提出的很多"新"理论的一个非常大的缺点是没有形成有效的实证分析工作。新经济地理学的成功之处在于提出问题而不是解决问题，在于开创一种讨论问题的方法而不是提供一种解决问题的工具。尽管如此，有一个关于经济空间方面的未解决的讨论要比忽略它们好。经济在地图上存在并且占有空间，最终在经济模型中开始承认空间的重要性是一个好的尝试(Krugman,1998),为未来进一步的实证工作(包括本书在内)奠定了坚实的理论基础。

2.3 城市空间结构的认知与测度

2.3.1 城市空间结构的认知演化

1) 单中心城市模型

单中心模型理论是最初城市空间结构研究的实证起点。这一概念始于杜能的孤立国理论,其为新城市经济学的诞生奠定了扎实的基础。伯吉斯(Burgess)于1923年创立了同心环城市模型(许学强等,2009)。大约从1970年起,新城市经济学理论出现,主要用来分析城市内部土地使用的最优市场均衡。其中最重要的城市经济学理论是阿隆索(Alonso,1964)的空间均衡模型,后来米尔斯(Mills,1967)和穆斯(Muth,1969)对其进行了扩展,形成了一个标准的单中心模型,即AMM模型。该模型假定均质平原上存在一个规模既定的城市,就业集中在市中心,外围是土地和居住区,居住区到市中心之间存在唯一的交通成本,且不同方向到市中心的交通成本都相等;居民在通勤成本和住房价格之间进行两难选择。

2) 从单中心走向多中心模式

随着城市的发展,单中心的城市模型已经失去了对现实的部分解释力(Clark,2000)。后续研究对单中心模型的应用更多的是为了便于处理,而不是为了拟合现实(Dowall et al.,1991)。从传统中心分离出来的人口和就业并不是随机分散在城市外围,尤其是大城市地区,离主中心的距离已经不能很好地解释就业在城市内部的分布(Gordon et al.,1986;Small et al.,1994;McMillen et al.,1998),同样也不能解释土地价值的变化(Heikkila et al.,1989)。

在伯吉斯单中心模型的基础上,城市地理学家哈里斯(Harris)和厄尔曼(Ullmn)在1945年提出了较为精细的多核心模型(许学强等,2009)。城市经济学家也建立了新的多中心理论模型(Wieand,1987;Fujita et al.,1997;White,1999)。随后出现了大量单样本城市多中心识别实证研究。尤其是在美国,多中心的空间已经成为城市研究中的一个热点问题。除了典型的多中心,洛杉矶(Gordon et al.,1986;Giuliano et al.,1991;Song,1994)还有很多大都市都被研究过,如芝加哥(McMillen et al.,1998)、旧金山(Cervero et al.,1998)、亚特兰大(Fujii et al.,1995)以及休斯敦(Craig et al.,2001)。另外后期的研究也增加了一些中等规模的城市,如克利夫兰、印第安纳波利斯、波特兰和圣路易斯(Bogart et al.,1999;Anderson et al.,2001)。中国也有大量的多中心空间研究,主要集中在一些大城市,如上海(吴文钰等,2006;孙斌栋等,2010;王颖等,2012)、北京(孙铁山等,2012;于涛方等,2016)、广州(蒋丽等,2009,2013,

2014)等。

3) 多中心与蔓延模式的争论

正当多中心的研究开展得如火如荼时,1996年戈登和理查德森(Gordon et al.,1996)提出质疑,两种就业分散的模式——多中心(Polycentric)和蔓延(Scatter)——哪种更符合城市发展的现实,未来又会如何？多中心和蔓延都是经济活动去中心化以后的结果,两者的主要差异在于,蔓延缺乏形式和结构,是一个不连续的、低密度的空间,就业在其中是随机分布的,而多中心是去中心化以后在几个高密度点再集聚的结构。这一疑问带来了大量的对于不同城市的研究成果,试图来解答这一困惑(Pfister et al.,2000；Coffey et al.,2002；Shearmur et al.,2002；Lee et al.,2007)。

最初,戈登和理查德森(Gordon et al.,1996)基于对洛杉矶的研究,提出1970—1990年洛杉矶的主中心和次中心均呈现衰退趋势,1990年中心(包括主次中心)就业岗位数仅占总就业的12%,因此认为当时的城市空间结构已经超越了多中心(Beyond Polycentricity)。随后,有学者采用类似的做法,尝试描述了1981年、1991年、1996年悉尼城市空间结构,结论显示,悉尼在1981—1991年与洛杉矶呈现了相同的蔓延式的变化趋势,但在1991—1996年悉尼的部分中心又重新经历了再集聚的过程(Pfister et al.,2000)。与戈登和理查德森观点类似的是"无界城市"(Edgeless Cities)(Lang et al.,2003),研究发现大部分城市的出租办公楼都位于高密度的城市中心或者低密度的"无界城市"。作为描述蔓延式的城市空间,这一模式虽然基于"边缘城市"(Edge Cities)(Garreau,1991),但以低密度且无明显边界的特征蔓延。

另一批学者对1996年戈登和理查德森的结论表示质疑。一方面,有学者认为不同的城市其背景不同,空间结构模式也不同。李和戈登(Lee et al.,2007)研究了美国的六个城市后发现它们之间的空间结构模式存在显著的区别。波特兰和费城倾向于明显的蔓延,但是纽约和波士顿依然保持主中心发展的强大动力,而洛杉矶和旧金山的次中心则变得越来越重要。同样,加拿大的四个城市也被发现有不同类型的就业空间分布模式,并没有明显的证据表明未来城市空间分布的模式是更倾向于多中心还是蔓延,这与每个城市特殊的地理、制度背景、文化、历史等均有关系(Shearmur et al.,2002)。另一方面,更多学者提出,多中心和蔓延是同时发生的。比如朱利亚诺(Giuliano et al.,2007)也不认可戈登和理查德森(Gordon et al.,1996)的预判,他们认为尽管确实存在洛杉矶就业蔓延化的证据,但同时新的次中心也在产生。快速的增长通常发生在就业次中心之外,但是通常是在就业次中心的周围,也就是说,尽管就业次中心在去中心化,但是它们正在继续决定就业区位的选择(Pressman,1985；Garcia-López et al.,2010)。蔓延并未代替多中心,这两者是互补而不是互替的关系,不应该用"二分法"来看待多中心和蔓延(Duranton et al.,2015)。

从规模较小的独立的设施、联排商业中心的一组办公楼、拥有几百人的小的工业园区到几千人的成熟商业次中心,可能是一个连续的过程。

2.3.2 城市空间结构的测度演进

空间结构的测度和空间结构的认知演进必然有着密切的联系。在最初大部分城市处于起步阶段时,空间结构的描述以单中心模型为主,随后随着城市发展阶段的推进,就业开始出现去中心化,这一阶段的测度主要是研究就业如何在到主中心不同距离的区位进行分布。随着城市发展阶段的进一步演进和城市规模的扩张,单中心模型已经逐渐失去影响力,这一阶段大家开始普遍关注就业是如何在不同密度的区域进行分布的,多中心模型也逐渐开始出现。

总体而言,在以往空间结构的测度方法的发展过程中,绕不开两个核心问题——距离和密度,即人口和就业在到主中心不同距离的空间如何分布,在高低不同密度的区域如何分配。

1) 单中心模型阶段

在实证研究的过程中对空间结构的描述,早期最基础的是距离密度函数方法,通常暗含的一个假设是城市只有一个中心。在这些方法中,最常用的是负指数函数(Clark, 1951; Mills, 1967; Macauley, 1985)。除此以外,也有大量学者对距离密度函数进行各种方程的改造,如正态分布函数(Newling, 1969)、伽马函数(Aynvarg, 1969)、对数正态函数(Parr, et al., 1988)等。这些模型都以距离为主要变量,研究人口密度与到城市中心区距离的关系。

分散化或者郊区化是单中心模型阶段最受关注的研究主题,对城市空间分散的兴趣起源于人口和居住的分散化。分散化或者郊区化一个较为明显的特征是人口逐渐从城市中心搬离,郊区人口增加。克拉克(Clark, 1951)最早采用人口密度函数法研究了城市分散化现象,他发现以到主中心的距离为横轴、人口密度为纵轴的拟合曲线斜率绝对值越来越小,即人口密度梯度逐年越变越平坦。米尔斯(Mills, 1972)研究发现,美国大部分城市自1880年来人口密度梯度都存在下降的情况。分散化的研究持续进行,最新的研究发现美国大都市区大约只有24%的工作岗位位于距离CBD 5 km的范围内(Glaeser et al., 2001)。在中国城市的研究中,这一模型也得到了普遍的应用(沈建法等,2000;冯健,2002;谢守红等,2006)。

2) 多中心模型阶段

随着郊区人口或者就业增加,中心区的影响力下降。单纯的距离密度函数已经难以反映城市空间结构新的现实,且通过距离密度函数发现了更多的城市空间模式。多中心空间结构的测度开始出现,基本上可以被归类为三种:越来越复杂的参数模型、集群模型、非参数模型。

参数模型源于单中心模型,即主中心是被外生给定的,因此,在多中心的应用中,次中心也是外生给定的多个节点。随之,拟合城市范围内每个点到次中心的距离与其密度的负指数函数,主要以三次样条(Cubic Spline)函数为代表(Anderson,1982,1985)。该函数可由三次函数任意组合,模拟出人口密度随着距离呈波浪状的变化模式。但这一模型的缺陷是这些候选的次中心的选择过于主观,即使主次中心的识别是可能实现的,通常这一方法也没有明确的中心边界。

集群模型主要是采用密度门槛的方法,代表性的研究是1991年朱利亚诺等(Giuliano et al.,1991),设定每公顷有10个工作岗位,且总就业个数超过10 000个为次中心,第二类中心为每公顷有20个工作岗位,且总就业个数超过20 000个。这一方法被认为门槛的设置过于武断,但随着时间的推移,大家发现这一方法仍然优于其他的方法,因此被大量复制应用(Shearmur et al.,2002;谷一桢等,2009;于涛方等,2016),而这种"武断"也被认为是基于"本地知识"。

非参数模型基于样条密度函数(Anderson,1982;Craig et al.,2001;McMillen,2001),为城市次中心的识别提供了比负指数密度函数更加客观的方法。比如首先基于就业密度非参数函数选出候选就业次中心,其次假设对周边就业有显著影响的候选中心为真正的次中心的研究(McMillen,2001)。但这一方法的缺陷是,候选次中心在形成过程中容易受到异常值的干扰。该方法在中国几个特大城市的多中心空间结构识别中得到了应用(孙铁山等,2009,2012;孙斌栋等,2014)。

3) 多中心空间结构的多维内涵

随着多中心研究的深入,越来越多的研究进一步辨析了它的多维内涵,以便于将它与其他空间结构区分开来(关于西方区域多中心测度方法的综述见覃成林等,2012;田广增等,2012)。从形态多中心的测度上来看,阿纳斯(Anas et al.,1998)归纳城市空间结构存在两个维度:首先,在城市维度上,根据就业是否集聚在靠近城市中心的位置,判定城市空间结构属于集中还是去中心化(Centralized & Decentralized);其次,在更小范围的局部维度上,判定空间结构是集聚在几个中心还是一般模式的分散化(Clustered & Dispersed)。李和戈登(Lee et al.,2007)发展并明确了阿纳斯等人的理念,认为空间结构分为两个维度:集中度(Centralization)和集聚度(Concentration)。集中度是测度就业靠近CBD分布的程度,而集聚度是测度就业在多大程度上不成比例地集聚在少数几个区域还是分散在大部分的区域,等同于阿纳斯(Anas et al.,1998)定义的是集聚还是分散化维度。

这两个维度的空间结构相互关联但是并不完全相同,为区分多中心和其他城市空间结构提供了引导。从多维视角来看,多中心和单中心都属于集聚的空间模式,但单中心是集中式的集聚,而多中心是去中心化的集聚(Anderson et al.,1996);类似的,多中心与蔓延虽然都是去中心化以后的空间布局,但多中心是城市整体上的去中心化与局部聚集同时发生的结果(图

2-1),而蔓延则是去中心化和非集聚同时发生的状态(Lee et al.,2007)。

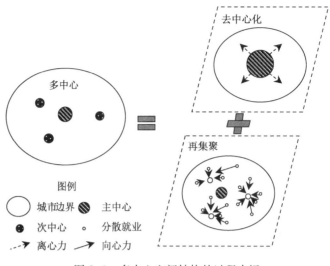

图 2-1 多中心空间结构的过程内涵

2.4 城市空间结构演化阶段论

随着时间的推移,空间结构与城市发展水平之间相互推动协调,在一个系统内进行演化发展。因此,城市规模对城市空间结构存在条件作用,具体体现在两个方面:其一,不同规模的发展阶段,空间结构会随之发生演化;其二,不同规模的发展阶段,空间结构的收益和成本也存在异质性。

传统的区域空间结构理论以及区域空间结构演化理论,多基于工业化、城镇化阶段划分。由于近代城镇化始于工业革命,城镇化和工业化之间的关系是显而易见的(许学强等,2009)。因此这些空间结构演化理论已经暗含了空间结构和城市发展水平是一个相互促进、相互协调的过程。

霍尔的城市演变模型主要关注城镇化水平的提高所带来的中心市和郊区人口份额的变化。霍尔将国家分为都市区、非都市区两个部分:都市区由中心市和郊区构成;非都市区为传统农村地区。在他的模型中,前三个时期城市中心区人口高速增长,城市发展以向心集聚为主;第四个时期城市中心区人口增长速度低于郊区,空间结构开始离散发展;第五个时期城市中心区人口出现负增长,人口向郊区迁移,是典型的郊区化阶段。

帕尔(Parr,2012)的空间周期模型(Spatial-Cycle Model)关注基于不同城市发展阶段的核心(Core)和外围(Ring)的人口变化,同时提供了每一阶段人口规模的变化。帕尔将城市发展周期分为八个阶段,分别经历了主中心增长外围衰减(阶段 1)、主中心增长外围增长(阶段 2 和阶段 3)、主中心衰减外围增长(阶段 4 和阶段 5)、主中心衰减外围衰减(阶段 6 和阶段

7)、主中心增长外围衰减(阶段8)。相应前四个阶段城市总体人口不断增长,而后四个阶段城市人口规模出现下降。

另一批区域发展学者跳出单中心城市的框架,关注不同工业化阶段多中心城市空间结构的演化过程。1966年,美国区域发展和区域规划专家弗里德曼(Friedmann,1966)认为任何空间系统都可以看作中心和外围两个子系统。在区域经济的增长过程中,子系统的边界将发生变化。他将空间结构的演化分为四个阶段:在前工业化时期,区域整体缺乏独立地方中心,处于低水平的均衡状态;随之由于某个中心的长期积累或者外部的随机刺激发展成为区域中心,打破了原始均质无序的状态,形成了典型的单中心空间结构,该中心依靠集聚经济不断强大,区域空间结构日趋不平衡;随着经济活动范围的扩展,更多的次中心开始形成,与已有的中心构成区域多中心空间结构;到了后工业化阶段,区域整体经济联系密切,空间差距缩小,核心外围界限消失,整体走向了高水平的均衡状态(李小建,2006)。唐富藏等(1986)也提出了类似的区域空间结构演变过程理论,将演变过程主要分为早期集中阶段、集中后分散阶段和分散后地方中心成长阶段。在发展早期,少数区位条件较好的地区首先集中发展形成区域的中心;随着集聚效应不断加强,中心的人口和经济活动所带来的集聚不经济刺激了中心的经济活动向外分散,地方次中心开始快速发展,逐步缩小了区域内的空间差异,空间趋向于均衡。

同样,经济学家认为集聚不是无限制的,当集聚的负外部性带来的成本超过规模经济带来的正外部性将会带来集聚结构的变化。在城市规模扩张的后期,交通拥堵、环境污染、地价上涨等问题逐渐凸显,城市应该适度分散发展(Henderson,1986;Hansen,1990;Lindsey et al.,1995),从单中心空间结构向多中心空间结构的转化被视为降低集聚不经济的有效途径(Krugman,1996;Fujita et al.,1997)。当城市人口规模较小时,人口向城市集聚有利于提高经济效率,但当人口规模超过一定门槛时,集聚不经济则会占主导进而损害经济效率。他们采用理论模型预测了城市次中心的数量随中心城市人口规模和通勤成本的增加而增加(Fujita et al.,1982),这一结论得到了基于美国62个大都市数据的实证支持(McMillen et al.,2003)。

城市规模除了直接影响城市空间结构的演化,还会通过调节空间结构来间接影响经济收益和成本的实现。藤田昌久等(2005)通过数值模拟的方式,研究到城市中心不同距离市场潜力函数的变化,随着与城市中心距离的增加,市场潜力函数由下降变为上升,这种动力促使人口就业远离主中心。在假定其他参数不变,只改变人口规模时发现,只要人口规模足够小,单中心空间结构就处于均衡状态;然而,人口的增加使得市场潜力曲线向上移动。当人口达到一定的临界值,市场潜力第一次在城市中心以外的区域达到1,即打破单中心的空间结构是有利可图的。

不同的人口规模对应不同的均衡结构。当人口规模较小时,单中心是一个稳定的均衡;随着人口规模的扩大,原来的单中心空间结构不再是均衡的了。企业和工人任意小的偏离中心城市前往侧翼城市的行为都会增加收益。

随着城市规模的扩大,藤田昌久等(2005)进一步探索了社会不同的收益和成本与空间结构之间的关系。城市规模的扩大带来新兴边界城市的不断出现,实际工资首先随着城市规模都在下降,但是当新兴边界城市出现后,人口增长带来的收益大于成本时,实际工资就会不连续地反弹,并长期维持不变。如果经济体勉强维持单中心的模式,工人的实际工资就会明显小于多中心的空间结构;总地租的变化趋势与实际工资正好相反,城市规模的扩大带来总地租的增长,但是多中心的空间结构有利于降低总地租;此外,将经济中的总社会福利定义为工人实际工资总收入与总地租之和,我们会发现随着城市规模的扩大,多中心的社会福利要大于单中心,且规模越大,多中心的优势越明显。

2.5 本章结论与启示

通过基于经典理论视角的文献梳理,得到以下几点启示,有助于更好地进行城市多中心空间结构的经济绩效研究:

(1)多中心空间结构的经济绩效评价需要结合收益—成本两个方面进行综合分析。集聚不经济和集聚经济相互平衡共同作用于城市(Henderson,1974;Fujita et al.,1982),忽略任何一方都不利于对城市整体经济绩效进行系统的评价。阿隆索(Alonso,1970)认为尽管多中心政策的最初目的在于解决大城市带来的集聚成本问题,但同样应该关注其经济收益。同样,《1984年世界银行发展报告》中也提出"过于担心城市增长的副作用,往往会使得决策者忽略人口集聚和城镇化带来的积极效益,许多政府不惜一切代价地重新规划人口分布,可能会导致经济效益不佳"(段小梅,2001)。丁成日(2007a,2007b)则认为独立的卫星城割裂了劳动力市场的整体性,损害了城市的规模经济,使得其带来的成本要远远大于经济收益。因此,在进行多中心空间结构的经济绩效评价时,收益和成本不应该只局限于单独考虑。

(2)关注多中心化的多维度含义,即经济活动去中心化后再集聚的视角。本章从城市经济学的经典理论出发,发现城市以及城市空间结构是向心力和离心力相互作用的结果。城市多中心空间结构是经济活动受离心力影响离开主中心后,又重新在向心力的作用下集聚在次中心的结果。随着空间结构研究的丰富化,不同成果对城市空间结构的概念定义较为混乱,尚未统一,但在整体趋势上越来越多的研究将几个维度区分开来。已有的相关实证研究多以梅耶斯等(Meijers et al.,2010)的定义为标准对多中心空间结构进行直接测度。尽管这一定义方式将多中心空间结构作为城市空间结构的一个独立维度相对更加直接,但在探究多中心经济绩效的机制时存在不足。具体而言,多中心空间结构是如何影响经济收益—成本的,比如是通过去中心化减少了集聚不经济,还是通过再集聚获得了积极的集聚经济效应,只有通过剖析多中心空间结构的多重维度才能解答。

(3) 增加空间结构经济绩效研究中对城市规模条件作用的关注。在综述了空间结构演化过程理论后发现,在不同的发展阶段城市适宜的空间结构不同。在发展初期,城市整体规模较小,需要空间集聚促使生产要素和市场向特定区位集中,形成单中心的空间结构。随着城市规模变大,在单中心空间结构下,规模增加会加剧交通拥堵、地价高升等城市问题,导致城市的成本上升;当成本超过集聚的收益时,追求利益最大化的力量会驱动城市空间结构分散化和多中心化;多中心化后的空间结构由于降低了集聚不经济故进一步提高了经济效率。然而,尽管城市多中心空间结构作为一种城市规模扩大带来负外部性的补偿手段,在不同的城市规模水平上多中心空间结构各方面的经济表现鲜有实证讨论,对于成本的讨论则更为缺乏。藤田昌久等(2005)曾经通过数据模型模拟,提出城市规模越大多中心的优势越明显的可能,但当前仍然缺乏可靠的实证结果。

(4) 补充"市辖区"尺度的空间结构经济绩效研究。首先,基于理论的梳理分析,城市经济学中基于向心力(集中交换和生产带来高收益)和离心力(通勤成本)的均衡分析,通常都基于统一劳动力市场的基本假设,"市辖区"比其他尺度的"城市"概念更符合这个假设;其次,随着单体城市规模的扩张,郊区化和去中心化过程是城镇化的必经之路,然而城市去中心化以后人口和就业如何在外围分布,是低密度的蔓延分布还是在少数几个高密度地区的多中心部分,理论上一直存在争议,这一争议有一部分通常发生在"城市"范围内。因此,"市辖区"作为中国不同城市概念中最接近真实"城市"概念的行政区域,在城市空间结构经济绩效的研究中理应获得足够的重视。

3 城市空间结构的基础事实

城市空间结构与城镇化阶段有着密切的联系。中国自1950年城镇化率为10%左右开始,到2011年城镇人口正式超过乡村人口(城镇化率为51.3%),即中国已走过传统城镇化阶段,正式成为一个城镇化国家。国家新型城镇化战略的出台标志着我国正式拉开了新型城镇化的大幕。中国在这个城镇化进程的重要节点上,总结发达国家空间结构演化规律,完善城镇化理论,预判未来我国城市空间结构道路的基本方向,对中国整个国民经济的发展具有重要的现实意义。

尽管我国和美国的基本国情存在不同,但由于美国城镇化进程受到市场经济强烈的影响,外来干预较少,对其他国家的发展具有原型意义;此外,同样作为大国,美国城镇化实践对中国城镇化尤其具有示范作用。对比美国城镇化发展经验,美国早在1920年城镇化率就已经达到51.2%,距今已超过100年(图3-1)。

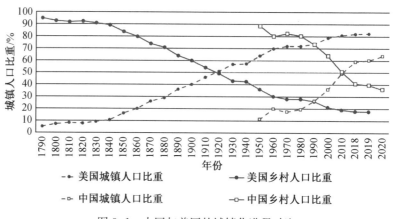

图3-1 中国与美国的城镇化进程对比

在这超过100年的时间内,伴随着城镇化率的继续提高,美国城市空间结构也在不断调整演化,在一定程度上使得"城市"这一地域实体长期在美国的经济发展舞台上扮演着重要角色。

本章第3.1节从美国空间结构的演化事实出发,拟为中国城镇化新阶段的空间优化战略提供方向;第3.2节详细介绍了本书所采用的数据来源及处理方法,继而重点描述中国城市空间结构的基础事实:首先采用了单中心视角对中国城市的空间结构集中化程度进行了初步探索,研究结论发现单中心模型已经不再适合描述中国当前大部分城市的空间结构。基于此,本书从集中和去中心化(Centralized & Decentralized)、集聚和分散化(Clustered & Dispersed)两个维度对多中心空间结构进行了定义和测度,并描述了城市人口规模与空间结构的相关关系。

3.1 美国城市空间结构演化的历史经验

3.1.1 美国城镇化的发展阶段

1920年之前是美国的传统城镇化阶段。在这一时期,工业革命带动城镇化,使得城市人口不断集聚并成为经济发展主要的空间载体。传统城镇化阶段主要以向中心城市集聚为主要特点,这是后面几十年美国都市区形成的重要前提。

美国进入新城镇化阶段的前50年(1920—1970年),伴随着高度集聚的城市发展,城市的集聚成本逐渐超过集聚收益,环境污染、交通拥堵、住房紧缺、社会安全等"城市病"开始凸显,迫使美国将目光投向开阔的郊区;同时,交通技术的发展,尤其是小汽车的普及,为居住和就业重心向郊区迁移提供了可能。这一阶段主要以去中心化为主,郊区基础设施日渐完善,开始部分取代中心城市功能,在经济上逐渐摆脱了对中心城市的依赖。传统的城市概念已不足以描述这种新的地域发展,大都市区的概念在这一时期出现,且逐渐替代"城市"成为美国最主要的空间载体。

1970年之后,在大都市区内部,郊区人口正式超过中心城市人口。大都市区的郊区快速发展,逐渐出现了众多的就业中心,基本形成了多中心的大都市空间组织模式。但局部出现的一些新趋势也引发了广泛的关注,一方面,郊区非中心区域的增长显著,甚至超越中心增长,多中心的城市结构是否正在逐步让步给蔓延模式,美国的大都市区是否正在走向"一般分散化"(Generalized Dispersal),存在不少争论。另一方面,随着城市中心复兴计划的进行,环境治理水平的提高,公共交通的改善和燃油成本的上升,中心城市的人口增速开始超过郊区,人口比重也开始回升,人口向中心城市回流(Back to the City)初露端倪。

美国城市的空间结构在经历了各要素往中心城市汇聚的集中化发展阶段后,又通过扩散减少规模不经济重新获取规模收益,目前有迹象显示出现了回流到中心城市的新趋势。在经历这种集聚、扩散、再集聚的多重反复之后,美国都市区逐渐进入都市区化的成熟阶段,最终达到城市地域空间组织的优化,极大地推动了美国经济发展。

3.1.2 美国城市空间结构发展现实

自 20 世纪 20 年代美国进入新型城镇化时期以来,在全局尺度上,美国人口向都市区集中(图 3-2)。1910 年,仅有不到 1/3(28.3%)的人口居住在都市区,然而到了 1950 年,都市区已经拥有超过一半(56.1%)的人口,2010 年这一比例更是达到了 83.6%。

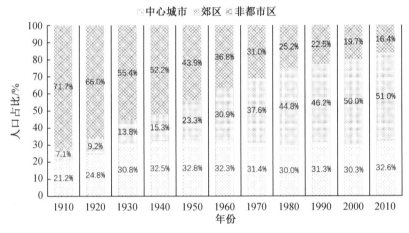

图 3-2 美国人口在不同统计区分布的历史演化

美国都市区内部的空间结构主要呈现两大特征。

第一,都市区内部的郊区化,低密度蔓延与多中心化相伴随。

美国都市区内部人口迁移的最大特征是郊区化,即人口的去中心化。20 世纪 30 年代以后,中心城市的人口比重基本维持在 30% 左右的水平,而郊区人口比重保持较快的增速。到 1960 年,郊区人口占比接近中心城市;1970 年以后,郊区人口比重超过中心城市;2000 年以后,美国一半以上的人口住在都市区内部的郊区地带。郊区化现象也得到了大部分文献的支持。一些城市案例研究发现,以都市区中心城市的主中心为原点,都市区人口密度梯度逐年变得平坦,即城市分散化趋势明显(Clark,1951;Mills,1972)。人口郊区化进一步带动了就业郊区化,研究显示,美国大都市区大约只有 24% 的工作岗位位于距离中央商务区(CBD)5 km 的范围内(Glaeser et al.,2001);美国 100 个最大的都市区,中心区的就业比重从 1960 年的 61% 下降到 2000 年的 34%(Baum-Snow,2014)。美国郊区化的快速发展,与交通技术的进步尤其是私人汽车的普及以及二战以来美国高速公路的建设是分不开的,也与低技能劳动力的去中心化、白人的撤退、收入的提高、联邦政府倾向于郊区住房政策的实施、城市内部老旧住房的低收入化等因素密切相关。这种由传统集中城镇化向郊区化转型的趋势是城镇化发展到一定阶段的必然现象,20 世纪中期也在西欧和日本等发达国家出现,具有普遍的规律性(Emrys,1990)。从成本—收益的经济学分析来看,随着城市规模的扩张,交通拥堵、环境污染、地价上涨等问题逐渐凸显,城市适度分散发展以减少集聚不经济所带来的负向作用是符合经济规律的(Henderson,1986;Hansen,1990)。

然而,在去中心化的趋势下,从中心城市分离的人口在郊区如何分布,是多中心集聚还是随机蔓延,抑或两者相伴相生?对此,学界掀起了热烈的讨论。最初,郊区化的现实催生了大量多中心空间结构的案例研究,研究发现,从传统中心分离出来的经济活动并不是随机分散在城市外围,尤其是在大城市地区,到主中心的距离已经不能很好地解释就业的空间分布了(Gordon et al.,1986;Small et al.,1994)。郊区化促使大量的经济活动向郊区流动,并在郊区形成了较为完备的新都市——边缘城市(Edge Cities)(Garreau,1991)。但戈登和理查德森(1996)对多中心趋势提出质疑,他们的研究发现,1970—1990年,典型的多中心城市——洛杉矶,其主中心和次中心均出现了衰退趋势。1990年,洛杉矶的主中心和次中心就业岗位数仅占总就业的12%,即大部分的就业位于中心以外的区域,因此认为当时的洛杉矶城市空间结构已经超越了多中心(Beyond Polycentricity),蔓延(Scatter)更加符合城市发展趋势(Gordon et al.,1996)。朗等(Lang et al.,2003)选择了美国13个都市区,发现城市3/4的出租办公楼都位于高密度的城市中心或者低密度的"无界城市"(Edgeless Cities);并且,除了纽约和芝加哥大都市区以外,其他11个大都市区的"无界城市"即低密度蔓延区域的办公空间都要超过商业中心(Down Town)。

不过,折中的观点认为,多中心空间结构和蔓延同时存在。首先,不同都市区的属性和发展阶段不同,空间结构也应存在异质性。研究发现,波特兰和费城倾向于明显的蔓延,而纽约和波士顿依然保持主中心发展的强大动力,洛杉矶和旧金山的次中心则变得越来越重要(Lee et al.,2007)。其次,蔓延和多中心这两个特征可能在同一个城市伴随发生。朱利亚诺(Giuliano et al.,2007)发现,尽管确实存在洛杉矶就业蔓延化的证据,但同时新的次中心也在产生,这就意味着蔓延和多中心这两个过程可能是同时发生的,使得整体的就业率一直保持较为稳定的状态,而不是一者代替另一者的关系。此外,尽管快速的增长更多地发生在就业次中心之外,即存在蔓延现象,但是通常位于就业次中心的周围,也就是说,虽然次中心在去中心化,但是似乎很明显的是,它们仍然继续决定着经济空间区位的选择(Pressman,1985)。

美国大都市区的空间结构演化实践,与区域空间结构演变理论是高度一致的。随着经济发展阶段的推进,区域空间结构会从低水平空间均衡发展到单中心增长极,随后集聚不经济的累积可能推动空间结构从单中心向多中心转变,并最终整体达到高水平的均衡状态(Friedmann,1966)。在这一过程中,初始阶段和成熟阶段的均衡发展都可能会具有低密度蔓延的特征,但两者存在本质不同。尽管都市区内部的次中心在成熟阶段增长减缓,但对人口、就业的区位选择始终起着不可替代的作用。此外,多中心空间结构在美国都市区尺度上更有利于劳动生产率的提高已被可靠的研究所证实(Meijers et al., 2010),在未来很长一段时间内可能仍然是城市区域空间结构的主导方向。

第二,都市区内出现了部分人群回流中心城市的新迹象。

近些年来,大量媒体报道美国大都市区有着回城的趋势,甚至有一些宣称美国郊区化的时代可能正在结束。从都市区内中心城市和郊区人口的增速变化来看,1950年以来郊区人口尽管一直保持增长,但是增速整体不断降低;中心城市的人口一直缓慢缩减,但在1980—1990年和2000—2010年两度出现增长,并超过郊区化人口增速,美国"回城潮"初现端倪(图3-3)。从前图3-2也可以看出,中心城市人口比重在1980—1990年、2000—2010年期间开始初显上升势头,一改1950—1970年以来不断下降的趋势。

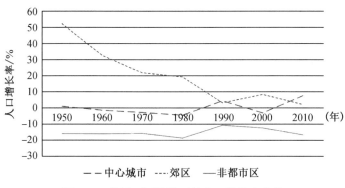

图3-3 美国不同统计区的人口增长率变化

不过,前图3-2显示美国都市区的郊区人口比重一直保持上升趋势,并且在2010年更是占全部人口的一半以上,因而说美国郊区化时代结束还为时尚早,还需要更长时间的观察。同时,单纯的集成层面的数据分析可能会对城市和郊区人口的增长趋势有一个误导性的判断,对回城人口的结构性特征分析更有助于解释现象背后的本质。借助2012—2016年全国人口普查微观数据的分析显示,21—40岁的年轻人、受4年及以上高等教育的人、收入位于前20%的富人在中心城市的增长率要超过郊区,即年轻人、高学历者和高收入者是回城的主要人群(图3-4)。年轻人和高学历者向中心城市靠近更能享受城市中高技能劳动力的集聚所带来的创新和高生产率,而富人的移动性更强,他们有权利根据偏好选择自己的居住地,且更少受到支付能力的制约。因此,这几类人群对市场经济的反应是敏锐的,当他们发现中心城市重新具有正向的吸引力时,便首先回流到中心城市。

已有文献的发现也印证了这一结构性分析的结论。基于美国集成公开微观数据库,对美国120个最大的都市区的人口增长分布进行研究发现,1980—2000年美国大都市区的人口经历着去中心化,而2000—2010年中心城市的人口得到了快速的增长,尤其是白人、高收入者和高等教育者(Baum-Snow,2014)。年轻人和高等学历者相对于中老年人和低学历

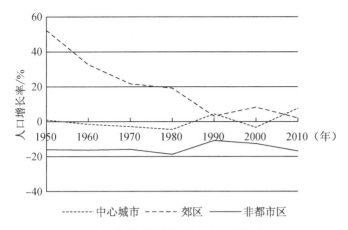

(a) 美国不同统计区的人口增长率

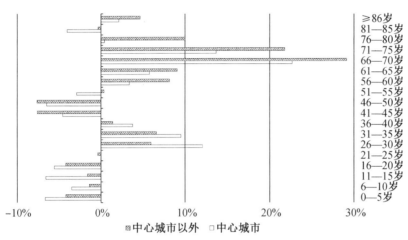

(b) 美国中心城市内外分年龄人口增长率

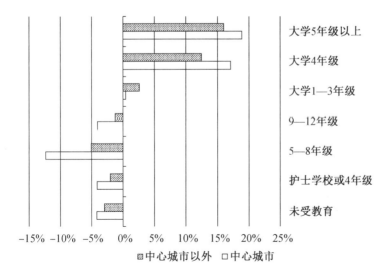

(c) 美国中心城市内外分学历人口增长率

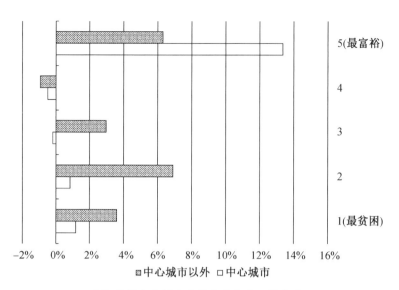

(d) 美国中心城市内外分收入人口增长率

图 3-4　美国中心城市和中心以外城市不同结构的人口增长率

者更容易受到中心城市的零售、休闲、服务等便利性设施的影响而回城(Couture et al.，2017)。同样,也有研究发现,在 1980 年,距离主中心越远的住房价格越高,而到了 2010 年,这一关系发生了逆转,越靠近主中心房价越高,高技能的劳动力重新倾向于靠近城市中心被认为是导致住房价格变化的主要原因(Edlund et al.，2015)。

3.1.3　对我国城市空间结构演化的启示

我国当前正处于传统城镇化向新型城镇化转型的关键节点,机动化和信息化飞速发展,中心城市与周边逐渐形成较为密切的产品、服务、信息和通勤联系。可以预见的是,原本城郊分明的关系将越来越模糊。美国都市区空间结构转型的实践经验为我国新型城镇化的未来空间战略提供了重要的启示。

首先,城市应避免低水平的蔓延,而应该向更有效率的多中心空间模式转型。从美国都市区的发展实践以及区域空间结构的演化理论来看,都市区去中心化后向多中心空间模式转型,并最终达到高水平的均衡状态,这是都市区空间结构演化的必经之路,是降低集聚不经济和凭借规模互借(Borrowed Size)获取网络集聚效益的两全之策。中国目前正处于都市区化的起步阶段,集聚不经济带来的"城市病"问题迭出,当务之急是通过空间结构多中心化来摆脱困境,接纳更多的人口,享受更大空间范畴的集聚经济收益,最终达到更高水平的均衡状态。当前不绝于耳的"摊大饼"式蔓延增长以及新城建设过程中出现的"空城""鬼城"都是不健康的空间发展方式,应该适当借鉴美国都市区的发展经验,认清当前中国大都市区空间结构现状和所处阶段,引导都市区向更有效率的多中心空间模式转型。

其次,引导中心城市和郊区良性互动,促进中心城市产业结构调整和转型升级。美国中心城市尽管在郊区化过程中流失了不少产业和人口,甚至出现了空心化特征,但其凭借着独特的区位优势和集聚优势,在建成环境改造完善后,又重新散发魅力,吸引着高收入、高技能者回流。同时,中心城市经济功能实现了更新升级,是跨国公司、金融机构、信息文化传播等多种全球化功能的重要节点。美国和其他发达国家城市的这些经验表明,都市区的繁荣依赖于中心城市和郊区的协调发展,中心城市和郊区都是都市区不可分割的一部分,各有优势。我国要吸取美国中心城市经济空心化的经验教训,协调好中心城市与郊区新城的关系,做到功能互补、分工协作。在制造业和人口分散的背景下,中心城市功能要重新定位,通过旧城更新来谋求其更高层次的发展。尤其要助推北京、上海等崛起中的全球城市,基于其优势和资源使其成为全球的金融中心、文化中心和信息中心,把握全球的经济命脉,在全球竞争中争取话语权。

最后,新型城镇化应发挥都市区的空间引领作用。美国经验表明,都市区是美国社会经济发展的核心地域实体,有着强大的集聚效应和辐射效应,带动了更广域的城镇化进程。因此,我国在新型城镇化时期,应积极借鉴美国都市区的发展经验,把都市区作为未来城镇化的基本空间单元,引导人口向都市区集聚,增强都市区的集聚效应和辐射效应。

3.2 中国整体城市空间结构的基础事实

3.2.1 研究对象及数据说明

由于本书重点关注多中心空间结构的经济绩效测度,主要依靠劳动力市场的均衡模型,因此选用就业数据来进行就业空间结构的测度。中国国家统计局公布的全国经济普查企业微观数据是已有官方数据库中覆盖地域范围和企业类别最广的基础调查数据,因此选择该数据作为本书空间结构测度的基础数据。我国在2004年进行了第一次全国经济普查,此后每10年进行两次,分别在逢3、逢8的年份实施,主要用于全面调查了解第二产业和第三产业的发展规模及布局(目前可得2004年、2008年和2013年的数据)。

由于空间结构对地理尺度非常敏感,本书选取"城市"这一尺度,对其空间结构经济绩效进行研究。城市的概念一般可以划分为城市功能地域、实体地域和行政地域(周一星等,1995)。国外城市空间结构常用的都市区概念(Cervero, 2001; Lee et al., 2007; Meijers et al., 2010),是一个较大的人口就业核心以及与这个核心有密切通勤联系的腹地的地域组合,即功能地域的概念,但我国目前还没有这个概念。建成区是城市实体地域的概念,但缺乏全国统一的地域划分标准,且相较于以往人口空间结构研究中丰富的栅格数据,如夜间灯光、全球人口动态统计分析数据库(LandScan)等栅格数据,就业空间结构的描述暂时无法实现通过栅格数据处理办法来识别城市集聚体(Urban Agglomeration)。我国城市研究和各项统计资料所基于的地域实体基本都是以行政地域为主,行政地域上的城市主要分为市辖区(不含县)和包括辖县在内的市域地区。本书选择中国城市的市辖区范围作为研究对象,主要原因如下:

(1)市辖区是比较同质的地域实体,最接近真实的"城市"概念。含辖县的"城市"是城乡合治的,既包括高度城镇化率的市辖区,同样也包括以乡村地区为主的县级单位,但由于市辖区和县在城镇化水平、经济产出、基础设施建设投资、居民生活消费水平等多方面都存在着巨大的差异,故不具备可比性。同时中国地级市的市辖区是城市经济活动的高密度区域,是经济活动与空间产生摩擦的主要区域,也相对更加适合进行就业空间结构经济绩效分析。因此,市辖区是最接近真实城市的行政概念,而行政概念的城市尺度通常数据的可得性较高,便于进行多元回归分析。

(2)研究市辖区的就业空间组织有政策意义。市辖区是我国城镇化建设的重要载体,其发展状况是城镇化质量的重要体现。一方面,市辖区通常具备优越的基础设施,使得城市集聚经济在这一地域充分发挥;另一方面,市辖区也通常面临着因为过度集聚而带来的拥挤问题,面临着空间结构如何优化继而继续提升城市增长潜力的重要战略抉择。市辖区主要可以分为普通市辖区和准市辖区:前者又可以进一步划分为城区、郊区和飞地型市辖区;后者是指不同形式的开发区和城市新区,如上海浦东新区和天津滨海新区(魏后凯等,2015)。本书基于所有的市辖区范围,在当前中国城市普遍郊区化的时代,研究就业去中心化程度、去中心化以后如何在郊区分布、多中心空间战略指导下新城新区建设成效如何,这都是在市辖区尺度上极具现实政策指导意义的研究主题。

用于计算空间结构的单元也影响着空间结构测算的准确度,利用过于粗糙的研究单元(如来自统计数据的区县层级数据)来计算城市的空间结构会忽略单元内就业分布的差异。本书利用全国经济普查企业微观数据库中的样条企业的邮编信息获得对应的地理位置,以更精细尺度的邮区作为计算城市空间结构的单元。基于本书第2章的空间结构认知和测度的总结,完成后续城市就业空间结构指数的计算:①结合地理信息系统(GIS)底图计算每个邮区到该城市主中心(就业密度最高的邮区)的距离;②统计获取的每个城市每个邮区内的从业人员数、就业密度及占城市总就业的份额。

获取本书的"城市"范围流程如图3-5所示。

图3-5 本书采用的城市范围获取流程示意图

首先,将市辖区的底图和邮区底图相互叠置,获得位于市辖区中的邮区代码。为了减少行政区划调整对本书空间结构测度的影响,本书统一采用中间年份即 2008 年市辖区的范围作为标准底图。其次,为了使得市辖区的行政边界和城市功能边界尽量接近,本书只将以就业密度排序后累计就业份额在 98% 以内的邮区作为虚拟的城市功能范围(Wheaton,2004)。由于全国经济普查企业微观数据中无法避免少数企业填写错误的邮编代码,剔除就业密度极低的邮区有利于减少人为偏误。

图 3-6 为 2013 年进入本书研究范围的 4 462 个邮区单元基本情况分布柱状图。超过 30% 的邮区都分布在距离主中心 10 km 的范围内。大约累计 98% 的邮区均分布在距离主中心 100 km 的范围内,仅有少数几个城区范围较广的城市,比如重庆,有很多邮区分布在距离主中心 100 km 以外(如万州区、黔江区等)。从面积分布来看,大部分的邮区面积较小,约 99% 以上的邮区占城市总面积的 10% 以下,这表明本书所采用的邮区单元是面积相对较小的分析单元,比以往粗略使用区县单元进行空间结构描述更能准确地描述城市内部经济活动的空间分布。

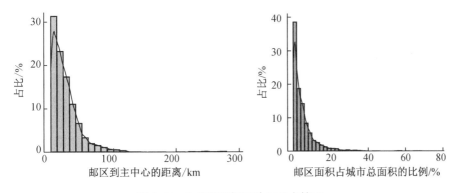

图 3-6　本书所用邮区单元基本情况

3.2.2　单中心视角下的中国城市空间结构

本节从单中心空间结构模型出发,对中国城市就业空间结构进行初步探索。单中心空间结构的关键词是"距离",即定义一个城市主中心(通常是就业密度最大的区),关注就业分布如何随着到主中心距离的变化而变化。最常用的方法是统计分圈层的就业份额,或计算就业密度和距离之间拟合函数的梯度。

表 3-1 以全国的邮区数据为样本,统计了距离主中心 5 km、8 km、16 km 范围内的就业份额。2004 年,中国城市的整体中心化结构非常明显,53.09% 的就业都位于距离主中心 5 km 的范围内(驾车约 10 min,骑行约 30 min),高达 82.71% 的就业都位于距离主中心 16 km 的范围内(驾车约 30 min)。

表 3-1　到主中心一定距离范围内就业份额的变化情况　　单位:%

分类	2004 年	2008 年	2013 年
5 km 范围内	53.09	33.34	31.98
8 km 范围内	67.94	52.15	40.36
16 km 范围内	82.71	71.02	66.86

2004—2008 年,5 km 范围内的就业份额从 2004 年的 53.09% 下降到 2008 年的 33.34%,4 年间下降了将近 20 个百分点。外围的就业比重由于承接了从 5 km 核心圈层分散出来的部分就业,其比重下降相对较小,8 km 和 16 km 范围内均仅下降了 10 个百分点左右。2004—2008 年,主要发生去中心化的是最核心的主中心地区(比如 5 km 范围内)。

然而 2008—2013 年,与前一个 4 年的快速去中心化形成鲜明对比的是,5 km 范围内主中心的就业份额仅仅出现了非常微弱的下趋势(下降了 1.36 个百分点)。离主中心 5—8 km 的范围是就业份额下降最多的圈层,就业份额下降了约 10 个百分点。2008—2013 年,去中心化主要发生在核心区域的周边地带。

对比美国的同类研究,本书计算了 2013 年中国每个城市到主中心不同距离范围内的就业份额,并统计了这些份额的均值和标准差(此处先统计每个城市不同范围内的就业份额然后求得全国的平均值,与表 3-1 统计全国整体邮区样本就业分布情况的算法不同,因此份额均值并不完全一致)。

中国城市 5 km 范围内的平均就业份额约为 59.98%,远高于美国 3 mile(约 4.8 km)范围内的 25.71%。中国城市在 8 km 和 16 km 范围内的就业比重也超过了美国相应距离内(5 mile 和 10 mile)的比重近 24 个百分点和近 8 个百分点。从表 3-2 的对比可以得出,中国城市在 2013 年的就业集中度要远远超过 1996 年的美国城市。尽管同样属于大国,从标准差情况来看,中国城市就业集中度的差异性要远远大于美国。

表 3-2　中美城市距离主中心不同范围的平均就业份额对比　　单位:%

分类	范围	均值	标准差
2013 年中国城市	5 km 范围内	59.98	24.05
	8 km 范围内	66.46	23.40
	16 km 范围内	78.84	18.83
1996 年美国城市	3 mile 范围内	25.71	10.82
	5 mile 范围内	42.59	15.71
	10 mile 范围内	70.18	16.51

中国城市就业布局较为集中,一方面主要受到城镇化发展阶段的影响,1996 年美国的城镇化率约为 75%,2013 年中国的城镇化率仅为 54%。自美

国1920年进入城镇化新阶段后,就业郊区化和去中心化加速,由于中国目前刚迈入这一阶段,因此集中度相对较高符合世界城镇化的规律。另一方面中国自上而下(Top-Down)的总体规划体制,促使城市政府拥有强烈的动机来不断强化城市中心区域的竞争力,使整个城市更有利于参与上一层次的城市之间的竞争,因此这种集中度较高的空间结构在"政治集权,财政分权"(Lin et al.,2000)和"官员晋升锦标赛"(Tsui et al.,2004;Li et al.,2005)的大制度背景下,可能会在中国的大部分城市保持相当长的一段时间。

图3-7选取了2013年中国六个典型的大城市,即北京、上海、广州、深圳、西安、南京,对其就业的空间分布进行分析。横坐标为到主中心的距离,纵坐标为按距离排序后就业比重的累计份额(如距离主中心最近的第一个邮区的就业比重为10%,第二个邮区的就业比重为8%,则第二个邮区的累计份额为10%+8%=18%)。就业分布曲线越倾斜,代表就业在离主中心较近的范围内就已达到较高份额,意味着就业分布越集中化。因此从图3-7可见,这六个城市的就业分布由集中到去中心化依次排序为:西安、南京、广州、上海、深圳、北京。西安和南京的就业集中度相对更强,一个可能的原因是,这两个城市都是非常典型的古都,至今在市辖区内仍然能找到城墙遗址。历史越悠久的城市,其已有的基础设施越集中在城市中心地带,城市的居民和就业对市中心的认同感也越强,城市就业集中分布的路径依赖较强。相反,在上海、广州等现代城市,其中心性不如古城,而北京尽管是一个历史古都,但它作为中国当前的政治中心,是城市病治理的重点城市,大量与首都核心功能关系不强的产业已开始疏散,其就业空间分布也相对去中心化。深圳是一个以制造业为主的城市,相对于服务业而言,制造业对面对面交流的需求较少,且制造业通常用地粗放或者污染严重,因此更倾向于远离城市中心地区布局,使得制造业导向的城市其空间布局也相对去中心化。

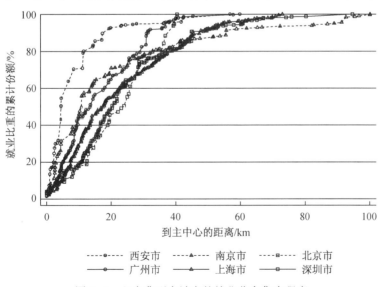

图3-7 六个典型大城市的就业分布集中程度

同样，自然因素也会影响到城市的空间结构布局。本书利用国家基础地理信息中心网站公布的1997年1：400万基础地理信息数据来计算距离主中心5 km范围内河流的长度，并对该范围内的就业份额与河流长度之间的简单散点关系进行了描述（图3-8）。由简单相关图可知，5 km范围内的就业份额占比与一级河流的长度成微弱正相关关系，而与五级及以上河流的长度成反比。这其中可能的原因是，等级较高的河流通常是历史上大城市的发端，因此如长江、黄河等一级河流会带来早期人口的集中，路径依赖使得当前的城市空间结构仍然保持较为集中的状态；而较小的河流反而会使得城市更加破碎化，不利于经济活动在城市中心的集中发展。

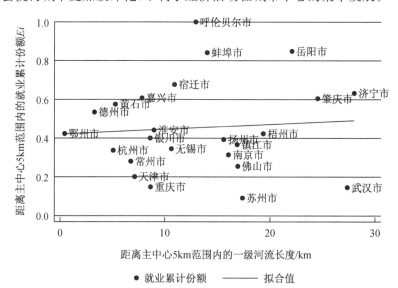

(a) 城市中心区域一级河流长度与就业分布的关系

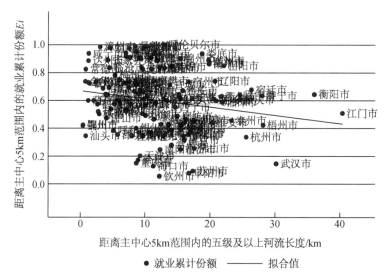

(b) 城市中心区域五级及以上河流长度与就业分布的关系

图3-8 城市中心区域河流长度和就业份额之间的关系

此外，采用距离密度函数估计的方法，基于每个城市邮区层面的样本数据（为了使得拟合更有效，剔除了邮区小于 5 个的城市），用就业密度作为因变量，到主中心的距离作为自变量，进一步测度城市就业分布的集中程度。

$$\ln(就业密度) = \alpha_{城市} + \beta \times 到主中心的距离 + \varepsilon \quad (3.1)$$

其中，$\alpha_{城市}$ 为城市的固定效应；β 代表远离主中心密度下降的程度；ε 为随机误差。

模型主要来自克拉克（Clark，1951）距离与密度的指数函数（密度 = $e^{-\beta \times 距离}$），在中国空间结构的测度研究中，已经被广泛认可是有效的（沈建法等，2000；冯健，2002；谢守红等，2006）。在控制了每个城市的固定效应（$\alpha_{城市}$）后，可以通过函数来估计得到每个城市的距离对就业密度变化的影响，函数图形越倾斜，系数的绝对值越大，表明同样远离主中心一个单位距离，就业密度下降得越快该城市越集中。拟合优度（R^2）越大，代表城市的就业分布结构与单中心模型越接近。

图 3-9 对比分析了东部、中部、西部、东北部四个区域集中度的斜率分布情况，四个区域相差并不明显。东北部地区城市集中度的差异比较大，而东部和西部地区存在较多的异常值。四个区域斜率最集中和最不集中的具体城市名单见附录 1。

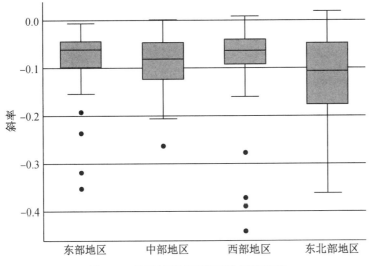

图 3-9 分区域距离密度函数斜率情况

提取每个城市的就业密度和到主中心的距离回归拟合优度，绘制 R^2 分布直方图，横坐标为 R^2 值，纵坐标为该 R^2 值所占的百分比（%）。由此发现，82% 的城市就业密度距离函数的拟合优度 R^2 分布在 0.6 以下，这表明单一中心的城市模型已经远远不适用于解释当前中国城市的空间结构，多中心视角下的空间结构分析亟待进行（图 3-10）。

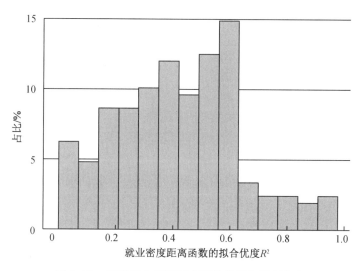

图 3-10　城市就业密度距离函数的拟合优度分布

3.2.3　多中心视角下的中国城市空间结构

简单的距离就业密度分析,只能反映以单中心模型为基础的一定距离圈层范围内的就业分布情况,其可能存在以下不足:①仅仅分析一定圈层范围内的就业分布无法反映整个城市的空间结构情况,如 5 km 范围内就业份额的下降,很可能是就业离开核心区域后在主中心周边集聚,导致城市核心区范围扩张,此时的"去中心化"则是摊大饼式的"中心化"的一个假象;②采用绝对距离分析的方法忽略了不同城市之间面积不同带来的就业份额分布差异,面积较大的城市 5 km 范围和面积较小的城市 5 km 范围的就业份额并不具有可比性。这一节将根据这两点不足,结合已有文献的测度指标,介绍本书所采用的城市空间结构测度指标。

本书中的城市空间结构沿用了阿纳斯(Anas et al.,1998)的定义标准,包含集中和去中心化(Centralized & Decentralized)、集聚和分散化(Clustered & Dispersed)两个维度。图 3-11 即为这两个维度空间结构的简单示意图,第一象限为集中度和集聚度都较高的单中心紧凑模式;第二象限的集中度较高、集聚度较低,为典型的单中心空间结构模式;第三象限的集中度和集聚度都较低,一般被定义为蔓延;而第四象限则是集中度较低而集聚度较高的多中心空间结构。需要说明的是,本书认为空间结构是一个连续变化的过程,无论是集中还是去中心化、集聚还是分散,它们相互之间并不存在明显的界限,图 3-11 仅用于简单的分类说明,在后续的实证研究过程中将采用连续变化的空间结构指标来进行经济绩效的估计。

本书基于已有文献分别针对集中和集聚两个维度各构造两种测度指数,具体计算方式见表 3-3。其中,e_i 表示 i 邮区的就业数;E 表示城市总

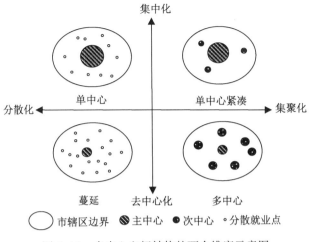

图 3-11　多中心空间结构的两个维度示意图

表 3-3　集中指数和集聚指数的计算方法

集中指数——按到主中心的距离从近到远排列邮区	
1. 修正后的惠顿（Wheaton）指数（Wheaton, 2004）	$MWI = \dfrac{\sum_{i=1}^{n} E_{i-1} D_{\mathrm{CBD}_i} - \sum_{i=1}^{n} E_i D_{\mathrm{CBD}_{i-1}}}{D_{\mathrm{CBD}}^{*}}$
2. 修正后距离 CBD 的平均权重距离指数（Galster et al., 2001）	$MADC = 1 - \sum_{i=1}^{n} \dfrac{e_i}{E} \times \dfrac{D_{\mathrm{CBD}_i}}{D_{\mathrm{CBD}}^{*}}$
集聚指数——按就业密度从低到高排列邮区	
3. 德尔塔指数（Massey et al., 1988; Galster et al., 2001）	$DELTA = \dfrac{1}{2} \sum_{i=1}^{n} \left\| \dfrac{e_i}{E} - \dfrac{a_i}{A} \right\|$
4. 基尼指数（Gordon et al., 1986; Small et al., 1994）	$GINI = \sum_{i=1}^{n} E_i A_{i-1} - \sum_{i=1}^{n} E_{i-1} A_i$

就业数；e_i/E 表示 i 邮区就业数在城市总就业数中所占的比重；E_i 表示按一定顺序排列后邮区 i 就业的累计比重；a_i 表示 i 邮区的土地面积；A 表示整个城市的土地总面积；a_i/A 表示 i 邮区土地面积占整个城市土地总面积的比重；A_i 表示按一定顺序排列后邮区 i 土地面积的累计比重；D_{CBD_i} 表示 i 邮区离 CBD 的距离；D_{CBD}^{*} 表示最远的邮区距离 CBD 的距离（城市的半径）；n 表示邮区的数量。

集中指数重点关注空间结构测度的维度之一——"距离"，即就业在到主中心不同距离的空间如何分布，具体包括修正后的 Wheaton 指数（MWI）和修正后距离 CBD 的平均权重距离指数（$MADC$）。首先计算每个邮区的就业数在城市总就业数中所占的比重 e_i/E 和到主中心的距离 D_{CBD_i}，其次将邮区根据到主中心的距离从近到远排列，计算每个邮区就业

的累计比重 E_i(该邮区加上比它更近的所有邮区的就业份额)。修正后的 Wheaton 指数(MWI)测度的是就业的累计份额随着到主中心的距离增加的变化速度。一般而言,这一指数越大,代表随着远离主中心,就业份额衰减得越快集中度越高。修正后距离 CBD 的平均权重距离指数($MADC$),即将距离 CBD 的相对远近作为一个权重,和该邮区的就业比重相乘,乘积累计越大,代表就业更多地分布在离主中心越远的区位,即越去中心化,用 1 减去该乘积,获得修正后代表中心化的指数。

集聚指数关注空间结构测度的另一个维度"密度",即就业在高低不同密度的区域如何分布,包括德尔塔(DELTA)指数和基尼(GINI)指数。同样计算每个邮区的就业数在城市总就业数中所占的比重 e_i/E。德尔塔指数用来测度城市内部就业分布的集聚程度,利用每个邮区的就业数占城市总就业数的比重 e_i/E 与每个邮区的土地面积占整个城市土地总面积的比重 a_i/A 差值的绝对值之和进行计算,绝对值之和越大说明相对单位面积上就业分布的差异越大,就业越集聚于几个高密度的区域。在计算基尼指数时,与集中度不同的是,集聚度的计算先将邮区根据就业密度从低到高排列,计算每个邮区就业的累计比重 E_i(该邮区加上比它密度更低的所有邮区的就业份额),基尼指数越大代表就业分布越集聚,即就业分布在少数几个密度较高的区域。另外,在德尔塔指数和基尼指数的基础上,将城市以到主中心中位数距离为界分为内外环区域,重新计算外环范围上的集聚指数,构造 $DELTA\_out$ 和 $GINI\_out$ 作为城市外围集聚的测度,作为城市外环次中心发展程度的一个代理变量。计算流程说明见图 3-12。

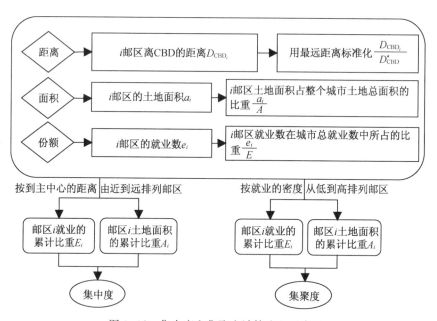

图 3-12 集中度和集聚度计算流程示意图

如第 3.2.1 节所述,由于通常情况下市辖区行政边界和城市功能边界都不能完全匹配,这些指数对城市外围就业密度较低且面积较大区域的存在十分敏感。参考惠顿(Wheaton,2004)的做法,本书只保留以密度排序后累计就业份额在 98% 以内的那些区域作为虚拟的城市功能范围。集中度和集聚度的描述性统计情况如表 3-4 所示。

表 3-4　集中度和集聚度描述性统计(2004 年、2008 年和 2013 年)

空间维度	空间结构变量	均值	标准差	最小值	最大值
集中指数	MWI_2004	0.631	0.228	−0.498	0.982
	MWI_2008	0.658	0.240	−0.461	0.985
	MWI_2013	0.632	0.235	−0.128	0.988
	$MADC\_2004$	0.789	0.126	0.212	0.982
	$MADC\_2008$	0.805	0.131	0.252	0.988
	$MADC\_2013$	0.791	0.130	0.363	0.988
集聚指数	$DELTA\_2004$	0.593	0.146	0.081	0.901
	$DELTA\_2008$	0.618	0.156	0.081	0.907
	$DELTA\_2013$	0.601	0.159	0.149	0.893
	$GINI\_2004$	0.692	0.154	0.087	0.940
	$GINI\_2008$	0.711	0.158	0.081	0.946
	$GINI\_2013$	0.698	0.155	0.190	0.942

从表 3-4 指数的计算结果来看,2004—2008 年经历了集中、集聚程度都提高的过程,而 2008—2013 年集中和集聚程度都有所降低。图 3-13 的核密度分布图结果也同样证实了这一结论。城市集中程度的结果与单中心视角下距离密度描述的结果并不完全一致,这可能与本节开篇所提出的单纯距离就业份额分析方法的两点不足有关。

利用集中和集聚指数的中位数作为标准,本书将中国所有城市分配到四个象限中(见附录 2)。如上文所述,四个象限仅用于示意城市相对更接近某种空间结构类型,并不具有绝对的含义。第一象限集中度和集聚度都较高(单中心紧凑);第二象限集中度较高、集聚度较低(单中心);第三象限集中度和集聚度都较低(蔓延);第四现象集中度较低、集聚度较高(多中心)。

将 2013 年的空间分布情况表现在四象限图上,如图 3-14 所示。

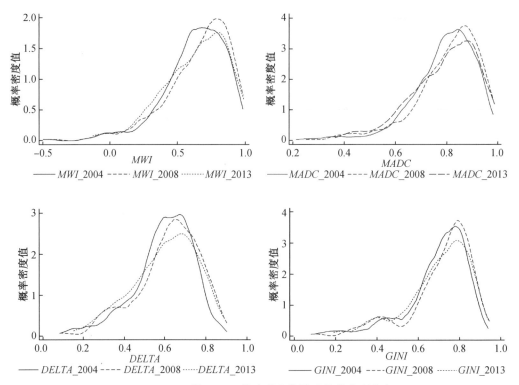

图 3-13 集中度和集聚度的核密度分布

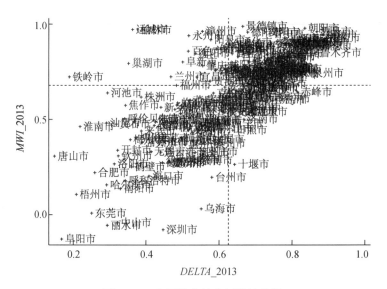

图 3-14 中国城市的空间结构分类

为了对各城市的空间结构演化方向进行探讨,分别计算 2004—2008 年和 2008—2013 年集中指数 MWI 和集聚指数 DELTA 的变化量,将每个城市两个维度的空间结构正负变化的方向反映在坐标图上,如图 3-15 所示。

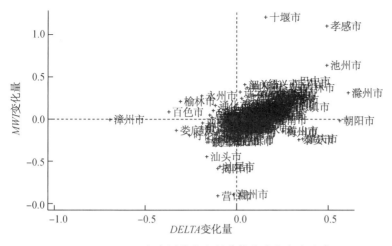

(a) 2004—2008 年中国城市空间结构的演化方向分类
第一象限(单中心紧凑化):93 个　　第二象限(单中心化):32 个
第三象限(蔓延化):75 个　　　　　第四象限(多中心化):25 个

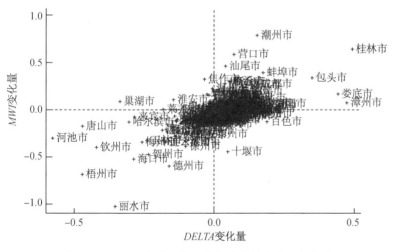

(b) 2008—2013 年中国城市空间结构的演化方向分类
第一象限(单中心紧凑化):61 个　　第二象限(单中心化):29 个
第三象限(蔓延化):103 个　　　　　第四象限(多中心化):32 个

图 3-15　2004—2013 年中国城市空间结构的演化方向分类

由于集中度和集聚度之间存在一定的相互联系,大部分城市在这两个维度上的变化方向相同。具体而言,位于第一象限的城市集中度与集聚度均得到了加强,即趋于单中心紧凑化,位于第二象限的城市正在走向单中心化,位于第三象限的城市更加蔓延化,而位于第四象限的城市趋向于多中心化。从图 3-15 可知,2004—2008 年,向集中化转型的城市大于去中心化,有 93 个城市集中度、集聚度都加强,32 个城市更加单中心化;相反,2008—2013 年,中国城市以去中心化为主,103 个城市更加蔓延化,而 32 个城市向多中心的结构转型(名单见附录 3)。

3.2.4 城市规模和空间结构的相互关系

根据城市空间结构的演化理论,空间结构的转型和城市人口规模的变化存在密切的联系。随着城市发展阶段的演进、城镇化的深入和城市规模的扩大,城市开始出现郊区化现象,同时外围也将逐渐出现几个明显的高密度集聚区,使得整个城市的空间结构向多中心转型。

通过绘制不同维度的空间结构和城市规模关系的散点相关图(图3-16),发现这两者之间确实存在相关性。整体而言,城市规模扩大,就业去中心化程度提高,且随着时间推进,去中心化程度在不同规模城市的异质性增强(拟合程度下降);规模和集聚维度的相关关系非常微弱,2004年呈现不明显的正相关,2008年和2013年两者拟合关系略微向下倾斜;而外围集聚度和规模之间的关系呈现显著正相关,随着城市人口规模的扩张,城市外围的集聚现象,即多中心空间结构更加明显。

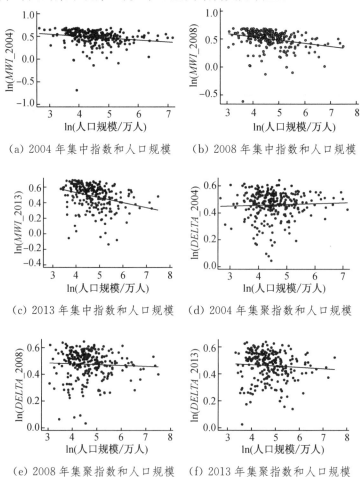

(a) 2004年集中指数和人口规模　　(b) 2008年集中指数和人口规模

(c) 2013年集中指数和人口规模　　(d) 2004年集聚指数和人口规模

(e) 2008年集聚指数和人口规模　　(f) 2013年集聚指数和人口规模

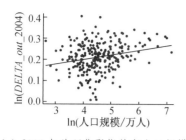
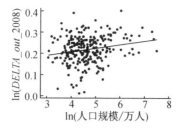

（g）2004年外环集聚指数和人口规模　（h）2008年外环集聚指数和人口规模

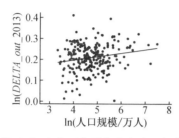

（i）2013年外环集聚指数和人口规模

图 3-16　空间结构指数和城市规模的散点关系图

3.3　本章结论与启示

2011年中国城市人口正式超过乡村人口，代表着我国的城镇化正式迈入新型城镇化阶段。而市场经济主导下的美国已经在这一阶段走过了100多年，在这100多年中，美国不仅继续保持城镇化率不断攀升，而且在城市内部不断进行空间组织的优化调整，在充分利用城市的集聚经济的同时，也在减少集聚不经济带来的负效应，使得"城市"一直是美国经济发展的重要推力。从美国经验来看，中国未来几十年内城市空间结构的调整应该充分发挥都市区的空间引领作用，避免城市低水平的蔓延，积极向多中心空间模式转型，此外还应处理好城市中心和郊区的关系，避免出现中心城市衰退的现象。

对中国城市空间结构进行单中心视角下的简单描述后发现，尽管中国城市当前仍然拥有相对较高的集中程度，但是单中心空间结构模型已经不再适用于中国城市空间结构的描述。本书继而提出空间结构的集中和去中心化、集聚和分散化两个维度的定义，对中国城市进行了空间结构以及变化趋势的描述。研究发现，2004—2008年更多的城市集中度、集聚度增强；2008—2013年去中心化和分散相对明显。

最后关于城市规模和空间结构指数关系的散点图分析验证了经典城市发展阶段理论中对于空间结构的描述，即城市规模扩张会带来空间的去中心化，同时外围也会逐渐形成集聚点构成多中心的空间结构模式，这符合经典的区域空间结构成长理论（Friedmann，1966；唐富藏等，1986；藤田昌久等，2005）。

4 多中心空间结构的经济收益

4.1 引言

城市的存在通常被解释为城市层面规模报酬的递增,一般认为由"地方化经济"(Localization Economies)和"城镇化经济"(Urbanization Economies)带来。前者以马歇尔为代表的学者提出外部性导致某一产业内的企业向同一地区集中。后者由雅各布斯提出,她认为大城市产业的多样化会带来知识和技术的扩散和溢出,孵化新兴产业,推动城市经济进一步增长。但是,城市活动的集聚也通常面临着过度集聚所带来的负外部性,比如土地资源的稀缺所带来的地价高企导致企业生产成本的上升,都将会体现为经济收益的减少。

城市经济收益的一种最常见的表现是劳均生产率(Cervero,2001)。根据图4-1人口规模和劳均GDP之间的关系可以发现,两者之间存在着倒U形的关系,即随着人口规模的上升,城市的劳均GDP先上升随后出现了下降的趋势。

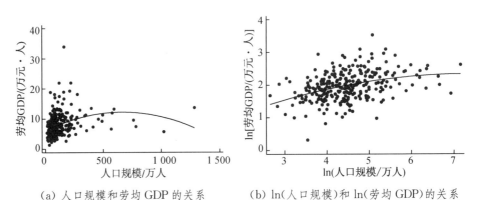

(a) 人口规模和劳均GDP的关系　　(b) ln(人口规模)和ln(劳均GDP)的关系

图4-1 人口规模和劳均GDP之间的关系

注:左图为两者绝对数值的关系;右图为两者的对数关系。数据基于本书初始年份2004年,具体见第4.3节数据说明。

尽管集聚的规模是影响城市经济的重要方面,但是集聚的空间结构却少有探究。集聚的空间结构决定了经济活动的空间组织和相互关系,对城市的经济繁荣具有不容忽视的影响。城市规模扩大,外部成本上升,带来集聚不经济,从而导致城市向外扩散,理论上甚至可能倾向于多中心均衡(Fujita et al.,1982)。但与此同时,质疑的声音认为多中心损害了城市整体的规模经济,使得其整体的经济收益可能会小于单中心的空间结构经济收益(丁成日,2007a,2007b)。

因此本章主要论证城市多中心空间结构对城市经济收益的影响,以及这一影响在不同规模的城市是否会不同。研究发现,就业空间结构和经济收益之间并不存在一个简单的平均效应,但城市规模对其存在条件作用,城市规模越大的城市,多中心空间结构越有利于经济发展;在规模越小的城市,发展多中心会损害自身本来就不足够大的规模经济,不利于城市整体的经济发展。

本章余下部分结构安排如下:第4.2节主要综述了空间结构对经济收益的影响的实证成果,尤其关注规模和空间结构的互动关系对经济收益的影响;第4.3节阐述了估计模型和数据来源,汇报了本章的基准模型以及提供了相关稳健性的分析结果,并对结果进行了讨论;第4.4节是结论与政策含义。

4.2 相关研究和文献

4.2.1 空间结构对经济收益的影响

经济收益是集聚正负外部性均衡的结果,而多维视角下的多中心空间结构是去中心化后集聚的结果,因此多中心空间结构可能通过两个路径来影响经济收益:去中心化过程是否减少了集中的负外部性;次中心的集聚是否带来了集聚正外部性。本书根据空间结构的界定,将已有实证研究文献按照多中心单一维度,以及分别基于多中心空间结构的集中、集聚两个维度,这三个方面进行分类综述。

(1) 直接探究多中心分布[即城市不同部分(或中心)之间社会经济活动分布的均衡程度]对经济收益的影响。在中国多中心经济收益的研究中,结论存在争议。多数研究集中在市域、省、城市群等较大的地域尺度上,部分成果认为多中心有利于经济收益(刘修岩等,2017;华杰媛,2017),相反部分认为单中心更有利于劳动生产率的提高(孙斌栋等,2016;刘修岩等,2017;Li et al.,2018a),也有研究发现两者关系并不显著(陈金英,2016;杨青山等,2011)。市辖区尺度的研究较少,张婷麟等(Zhang et al.,2017)发现城市空间多中心化有助于提高经济收益,而刘修岩等(2017)支持单中心更有绩效。在国外类似尺度,即以都市区为样本的研究中,梅耶斯等(Meijers et al.,2010)的研究表明多中心空间结构有助于提高劳动生产率,但是李等(Lee et al.,2007)并没有得出显著的结论。

(2) 分析集中(社会经济活动靠近城市主中心的程度)对城市经济发

展的影响。赛维罗等(Cervero，2001)和维内里等(Veneri et al.，2011)利用修正后的惠顿(Wheaton)指数测度人口的累计份额随着到主中心的距离增加的变化速度，发现集中度越强越有利于地区劳动生产率的提高。然而格莱泽等(Glaeser et al.，2004)发现美国都市区距离城市中心 3 mile(约 4.8 km)以外就业比重每增加 10 个百分点(去中心化)会使人均 GDP 增长 2.7%。

(3) 分析集聚(社会经济活动是高密度集聚还是低密度分散)对经济发展的影响。这类文献通常构造蔓延指数进行分析，但与本书定义蔓延为远离主中心且非集聚的空间分布状态不同，他们定义的蔓延缺乏到主中心的距离维度，因此本质上属于集聚维度的空间结构指标。法拉赫(Fallah et al.，2011)发现美国居住在平均人口密度以上和以下街道人口的份额差与其劳动生产率呈显著负相关，且这一负向关联在小城市更为突出。采用同样的计算方式，秦蒙等(2015)利用中国地级城市层面的夜间灯光来模拟人口构造该空间结构指数，得到了一致的结果。

不同规模的城市适宜的空间结构不同，因此城市空间结构和经济收益的关系需放在城市规模演化的过程中进行理解。多中心空间结构的最终收益是在去中心化后再集聚的过程中集聚经济和集聚不经济平衡的结果。随着城市规模的扩大，在同一区位集中和集聚带来的负外部性的上升，主中心以外的集聚获得的净收益将可能超过主中心集中的净收益。换言之，只有当城市达到一定的规模门槛后，多中心的有效性才会逐渐凸显。已有实证研究开始探索城市规模对于空间结构收益的条件作用，但还没有得到统一的结论。张婷麟等(Zhang et al.，2017)和李等(Lee et al.，2007)分别在中国地级市市辖区尺度和美国都市区尺度的研究中，都没有识别出城市规模对多中心空间结构经济收益的调节作用。同样，梅耶斯等(Meijers et al.，2010)、李迎成等(Li et al.，2018b)也没有发现城市规模或密度对空间分散与其经济收益这两者的关系存在调节作用。部分研究得到了城市规模会影响空间结构的经济收益的结论，但影响的方向尚未达成一致。孙斌栋等(2016)以市域规模为调节作用，发现二产、三产劳动力在 100 万人以下的城市单中心更有利于经济增长；100 万人以上、283 万人以下的城市多中心空间结构收益更高；283 万人以上的城市单中心收益更高。梅耶斯等(Meijers et al.，2010)在美国大都市区尺度上发现多中心在规模较小的都市区收益更高。而与此相反的是，李迎成等(Li et al.，2018b)基于中国市域尺度样本，利用城市人口密度作为空间结构收益的调节作用，得出随着人口密度的增加，单中心阻碍经济发展，多中心的空间结构对于经济发展的作用增强。

4.2.2 已有实证文献不足和理论假说

基于以上文献综述，将已有成果可能存在的不足概括为以下几个方面：

(1) 已有多中心空间结构的经济收益研究缺乏多维视角。阿纳斯等(Anas et al., 1998)、李等(Lee et al., 2007)的空间维度定义认为多中心空间结构是既包含了分散力作用下的就业去中心化,又包含了去中心化后就业在集聚力作用下再度局部集聚的完整过程。诚然,多中心作为一个独立的维度用于空间结构的描述更为直接,但当被用于分析经济收益时,则无法区分多中心的对立面是蔓延还是单中心,即多中心收益更高,是因为去中心化带来集聚不经济的减少还是在外围的再集聚带来集聚经济的增加?抑或是同时发生?基于多维度的空间结构代替简单的单中心—多中心维度,可以更清晰地理解空间结构的收益及其发生过程。

(2) 空间结构对经济发展的影响,理论研究相对丰富,但实证研究结果杂乱。哪种空间结构更利于经济发展(Meijers et al., 2010; Veneri et al., 2011; Zhang et al., 2017),城市规模是否对空间结构的经济收益具有调节作用以及方向是正是负(Meijers et al., 2010; Zhang et al., 2017; Li et al., 2018a)均无定论,因此需要更多的实证证据来支撑。

(3) 已有文献在估计方法上存在改善空间。这些研究成果多基于截面的劳均产出模型(Meijers et al., 2010; Zhang et al., 2017; Li et al., 2018a)或截面的增长率模型(Lee et al., 2007),部分不随时间变化的不可观测值的影响难以控制,从而带来系数估计的偏误。此外,在利用两阶段最小二乘法解决内生性问题时,多采取历史空间结构(Meijers et al., 2010; Li et al., 2018a, 2018b)或者与社会经济发展水平较为相关的农业就业密度(Meijers et al., 2010)或行政单元的空间距离关系(Zhang et al., 2017)作为当前空间结构的工具变量,由于路径依赖的存在性,其外生性有待商榷。

为了弥补以上不足,本书以中国地级市及以上城市的市辖区为研究样本,从集中—去中心化、集聚—分散两个维度相对完整地检验多中心空间结构对经济收益的影响以及城市规模对此的条件效应,为该问题的研究提供新的证据。同时,在方法上,尝试用更稳健的面板模型来控制时间和个体的固定效应,且利用自然的地形坡度变量来构造潜在的城市空间结构作为相对更为外生的工具变量,以期识别因果关系,使结论更加稳健。基于此,提出本章内容的两点实证假说,具体如下:

假说一:空间结构的经济收益是集聚经济和集聚不经济平衡的结果。一方面,多中心空间结构有助于经济收益的增加:由于存在去中心化的过程,多中心是一种有效减少集聚不经济的方式;同时通过经济活动在城市次中心再集聚,在共享、匹配和学习(Duranton et al., 2004)过程中经济收益再次得到加强。另一方面,多中心也存在损害经济收益的可能,去中心化的过程可能损害了主中心的规模经济,同时也可能带来次中心之间交流成本的增加。

假说二:集聚经济和集聚不经济之间的平衡依赖于城市规模,因而空间结构的经济收益受到城市规模的调节。如果城市规模太小,集聚正外部性为主导,次中心的集聚所获得的集聚收益不足以抵消去中心化所带来的损失,即去中心化后再集聚的次中心净收益总和小于单中心的集聚收益,多中心则可能阻碍经济增长。随着城市规模的扩大,当集聚不经济的负外部性超过集聚经济的正外部性时,去中心化的空间结构才有助于降低集聚不经济,同时再度集聚有利于重新获得集聚经济效应。因此,本书假设只有在足够大的城市,去中心化和集聚的组合,即多中心的空间结构,才有助于提升整体经济发展水平。

4.3 实证分析结果

4.3.1 模型设定、数据和变量说明

本书借鉴梅耶斯等(Meijers et al., 2010)的做法,以柯布—道格拉斯生产函数为基础,认为整体的经济产出是物质资本(K)、劳动力数量(L)和人力资本(H)的函数。

$$GDP = AK^{\alpha}L^{\beta}H^{\gamma} \tag{4.1}$$

其中,α、β、γ分别是物质资本产出、劳动力产出、人力资本产出的弹性系数;全要素生产率A,代表的是除了三大投入要素以外,其他可能会对生产效率产生影响的变量,如政府质量(GOV)和城市人口规模(POP)。除此以外,本书在全要素生产率中加入空间结构变量(STU),主要包括集中和集聚两个维度。

为了验证地理学家和经济学家对于空间演化规模的理论假设,空间结构会随着城市规模的扩张向多中心空间结构演化,即城市规模对空间结构存在条件作用。本书加入城市规模和空间结构交互项,用来探究在不同城市规模水平下,各个维度空间结构对于城市经济发展的影响是否也存在异质性。基于规模报酬不变的假定,即$\alpha+\beta+\gamma=1$,可将式(4.1)展开如下:

$$\begin{aligned}\ln\left(\frac{GDP}{L}\right)_{it} &= \beta_0 + \alpha\ln\left(\frac{K}{L}\right)_{it} + \gamma\ln\left(\frac{H}{L}\right)_{it} + \rho_j\ln(GOV)_{it} + \delta\ln(STU)_{it} + \\ &\quad \varepsilon\ln(STU)_{it} \times \ln(POP) + \theta_i + \vartheta_t + \epsilon_{it} \\ &= \beta_0 + \alpha\ln\left(\frac{K}{L}\right)_{it} + \gamma\ln\left(\frac{H}{L}\right)_{it} + \rho_j\ln(GOV)_{it} + [\delta+\varepsilon\ln(POP)] \times \\ &\quad \ln(STU)_{it} + \theta_i + \vartheta_t + \epsilon_{it}\end{aligned} \tag{4.2}$$

其中,α、β、γ、ρ、δ、ε分别为不同变量的回归系数;θ_i代表不随时间改变的城市个体效应;ϑ_t代表不随年份改变的时间个体效应;ϵ_{it}代表模型的随机误差项。

根据估计模型式(4.2),空间结构对经济收益的影响系数为$\delta+\varepsilon\ln(POP)$,如果$\varepsilon$系数显著,则空间结构对经济收益的影响会随着城市人口规模的变化而变化,当ε大于0时,规模较大的城市其空间结构对经济

收益的影响增加;当ε小于0时,城市人口规模的增加会削弱空间结构对经济收益的作用。

多中心空间结构的经济收益可能来自去中心化后集聚的过程中集聚经济和不经济的动态再平衡。通过区分两个空间维度的研究,可以进一步了解多中心空间结构影响经济收益的路径。集中的系数表示去中心化减少了集聚的负外部性从而促进了经济发展,控制了集中系数后的集聚系数可以检验中心区域外部的集聚和经济发展之间的关系。

在式(4.2)中,GDP/L代表城市的劳均生产总值。本书的研究建立在一个以市场为基础的模型上,因此借鉴文献做法(Meijers et al.,2010;Brülhart et al.,2008;Ciccone,2002),选择2004年、2008年和2013年城市市辖区二产、三产的劳均GDP产值作为因变量,剔除了农林牧渔等一产。

物质资本是经济增长理论公认的生产要素之一,因为中国没有过大规模的资产普查,所以本书借鉴已有城市固定资本存量的核算成果(向娟,2011;柯善咨等,2012),在估计一个基准年(1995年)存量后,运用较普遍的永续盘存法(Goldsmith,1951)按不变价格计算各城市市区的资本存量,具体的计算方法是

$$K_{it} = K_{i(t-1)}(1-\delta_{it}) + I_{it} \quad (4.3)$$

其中,i指第i个市;t指第t年;K是以基准年不变价格指数(指固定资产投资价格指数[①],下同)衡量的资本存量;I是以基准年不变价格指数衡量的当年的固定资本形成,t年的固定资本形成等于当年的全社会固定资产投资×当年固定资产交付使用率[②](王小鲁等,2000);δ是全国折旧率,张军等(2004)学者根据资本品各自的寿命期计算折旧率然后加权平均后得到全国固定资本形成总额折旧率约为9.6%,本书采用这一数据作为全国的折旧率。

由于数据的可得性,以1995年作为资本存量的初始年份,采用霍尔等(Hall et al.,1999)、杨格(Young,2000)的估计方法求得1995年的资本存量K_0,即

$$K_0 = I_0(1+g)/(g+\delta) \quad (4.4)$$

其中,式(4.4)为1995年的固定资本形成额;g为1995—2010年固定资本形成额的平均增速[③];δ为折旧率。

那么初始年份前一年的不变价投资是$I_0(1-\delta)/(1+g)$,同理初始年份前两年的投资为$I_0[(1-\delta)/(1+g)]^2$,由此构成一个首项为I_0,公比为$(1-\delta)/(1+g)$的无穷等比数列,该数列求和即初始年份的资本存量。最终由式(4.3)计算得到2004年、2008年和2013年市辖区的资本存量。

人力资本也是影响经济产出的重要因素。由于普查年份才有针对受教育年限的调查,因此本书采用人均高等学校[④]和人均中学在校生总数作为每个城市人力资本的代理变量(实证过程中同样分别采用人均高等学校

在校学生数、人均中学在校学生数作为人力资本的稳健检验,结果保持一致)。中国政府对空间规划战略的干预能力很强,因此政府对市场的干预能力也是影响多中心空间结构及其经济收益的重要因素,一般采用市辖区政府一般财政预算支出(除去科学教育支出)占市辖区地区生产总值的比重来衡量。

集聚经济因素影响城市经济发展在以往文献中得到了普遍的支持。本书控制了常住人口规模,同时考虑到规模报酬递减带来的最优规模效应,加入人口规模平方项(王小鲁等,1999;Au et al.,2006)。由于常住人口规模在非普查年不可得,依据国家统计局人均GDP的核算标准,采用市辖区GDP总量/市辖区人均GDP作为城市常住人口规模的代理变量。

模型中的相关变量描述性分析见表4-1。

表4-1 经济收益模型相关变量描述性分析

变量描述	单位	均值	标准差	最小值	最大值
ln(劳均生产总值)	元/人	11.620	0.527	9.527	13.950
ln(劳均资本存量)	万元/人	2.516	0.579	0.469	4.787
ln(人均高等学校及中学在校生数)	人/万人	6.868	0.395	4.904	8.017
政府支出占GDP的比重	100%	0.113	0.072	0.020	1.118
ln(人口规模)	万人	4.558	0.774	2.654	7.499
集中度 ln(MWI)	—	0.484	0.169	−0.690	0.688
集中度 ln(MADC)	—	0.579	0.084	0.111	0.688
集聚度 ln(DELTA)	—	0.461	0.109	0.025	0.646
集聚度 ln(GINI)	—	0.517	0.111	0.025	0.666

4.3.2 模型估计结果

1)基准回归

基准回归结果如表4-2所示,分别检验了空间结构对经济收益的平均效应,以及加入规模和空间结构交互项后城市规模对空间结构经济收益的条件效应。

表4-2 经济收益模型基准回归结果

因变量:ln(劳均生产总值)	FE模型1	FE模型2	FE模型3	FE模型4	FE模型5
ln(劳均资本存量)	0.5816***	0.5828***	0.5817***	0.5807***	0.5860***
	(0.035)	(0.035)	(0.035)	(0.035)	(0.034)

续表 4-2

因变量:ln(劳均生产总值)	FE 模型 1	FE 模型 2	FE 模型 3	FE 模型 4	FE 模型 5
ln(人均高等学校和中学在校生数)	0.083 0**	0.083 4**	0.084 1**	0.086 9***	0.087 3***
	(0.033)	(0.034)	(0.034)	(0.033)	(0.033)
政府支出占GDP的比重	−0.723 2*	−0.718 9*	−0.722 4*	−0.712 0*	−0.691 9*
	(0.375)	(0.374)	(0.375)	(0.377)	(0.374)
ln(人口规模)	1.180 6***	1.239 6***	1.181 6***	0.928 5**	1.001 4***
	(0.317)	(0.372)	(0.316)	(0.362)	(0.355)
ln(人口规模)的平方	−0.099 3***	−0.102 7***	−0.099 3***	−0.088 3***	−0.096 1***
	(0.030)	(0.032)	(0.029)	(0.031)	(0.032)
集中度 ln(MWI)	−0.028 3	0.236 1	—	—	1.346 5*
	(0.079)	(0.619)			(0.693)
ln(人口规模)×集中度 ln(MWI)	—	−0.061 9	—	—	−0.332 2**
		(0.139)			(0.166)
集聚度 ln(DELTA)	—	—	−0.024 8	−1.495 1*	−2.784 8***
			(0.137)	(0.858)	(1.062)
ln(人口规模)×集聚度 ln(DELTA)	—	—	—	0.333 8*	0.652 5***
				(0.189)	(0.246)
时间固定效应	控制	控制	控制	控制	控制
城市固定效应	控制	控制	控制	控制	控制
常数项	6.512 8***	6.316 7***	6.498 3***	7.378 2***	7.190 2***
	(0.933)	(1.127)	(0.918)	(1.085)	(1.058)
样本数/个	734	734	734	734	734
拟合优度	0.873	0.873	0.873	0.874	0.875
城市数量/个	273	273	273	273	273
Hausman Test Prob>chi2	0.000	0.000	0.000	0.000	0.000

注:FE(Fixed Effects)模型即固定效应模型,括号中为稳健标准误。*** 表示 $p<0.01$,** 表示 $p<0.05$,* 表示 $p<0.1$(p 为观测到的显著性水平)。中国共计 287 个地级及以上城市(行政区划以研究时间段的中间年份 2008 年为标准),理论上拥有 861 个样本(287×3),其中 103 个样本(城市×年份)因为全国经济普查企业微观数据中的邮区信息缺失而导致样本缺失,其他 24 个样本由于《中国城市统计年鉴》没有提供相关控制变量的数据而缺失(734=861−103−24),而面板数据整体城市数量缺失 14 个,因此进入面板回归的城市数量最终为 273 个。由于非平衡面板数据并不影响计算离差形式的组内估计量(Within Estimator),因此固定效应模型可以照样进行。为了保证估计效率,减少样本容量的损失,本书固定效应面板模型均采用非平衡固定效应面板估计(下同)。霍斯曼(Hausman)检验结果(Hausman Test Prob>chi2)均显示强烈拒绝原假设,认为应该采用固定效应模型,而非随机效应模型。

模型 1 和模型 3 分别控制了集中度 ln(MWI) 和集聚度 ln(DELTA),结果显示它们和劳均产出之间的线性关系并不明显。在模型 2 和模型 4 中分别尝试加入集中度和集聚度与城市人口规模的交互项,用以探究规模对于空间结构经济收益的调节作用,得到集聚度的交互项为正,即随着城市人口规模的增长,形成若干密度较高的增长极来带动周边地区,更有利于整体经济水平的提高。模型 5 将两个交互项同时放入,考察集中度和集聚度对经济作用的影响如何同时受到城市规模的调节。结果显示集中度 ln(MWI) 的系数为正,ln(人口规模)×集中度 ln(MWI) 交互项的系数为负,根据式(4.2)可得集中度对经济收益的影响系数 $[1.3465 - 0.3322 \times \ln(POP)]$,即城市人口规模很小时,集中度 ln(MWI) 的增加会带来城市经济收益的增加;然而集中度 ln(MWI) 对经济收益的促进作用会随着人口规模的增加不断被削弱,当人口规模超过一定门槛,$[1.3465 - 0.3322 \times \ln(POP) < 0]$ 时,集中度 ln(MWI) 继续增加,将会损害城市的经济收益。集聚度的结果与集中度正好相反,集聚度 ln(DELTA) 的系数为负,ln(人口规模)×集聚度 ln(DELTA) 交互项的系数为正,集聚度对经济收益的影响系数 $[-2.7848 + 0.6525 \times \ln(POP)]$,表明在规模较小的城市,在控制了集中度的情况下,集聚不利于经济收益的增加;在规模较大的城市,在集中度保持不变的基础上,局部集聚有利于经济收益的增加。

根据表 4-2 中的模型 5,可以绘制辅助进行空间结构对经济收益的系数分析图。图 4-2 的纵坐标表示城市空间结构对经济产出的偏回归系数,即 $\delta + \varepsilon \ln(POP)$,横坐标为 ln(人口规模)。

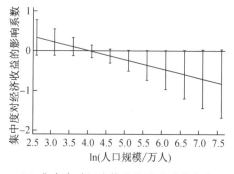
(a) 集中度对经济收益的影响系数变化

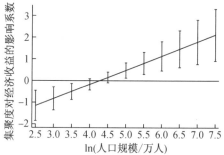
(b) 集聚度对经济收益的影响系数变化

图 4-2 不同人口规模下城市空间结构对经济收益的影响系数变化分析

随着人口规模的增加,集中度对经济收益的正向效应逐渐减弱,达到一定的规模门槛后,其系数变为负值,即大城市集中会损害规模经济;类似的,集聚度随着人口规模的增加,其对经济收益的影响由负逐渐变正,即大城市外围的集聚更有利于收益增加。结合多中心空间结构是去中心化以后再集聚的过程,根据以上模型可以得出结论:在小规模的城市,单中心

(集中+分散)的空间结构更有利于经济收益的增加;而在规模较大的城市,多中心空间结构(去中心化+集聚)更会促进经济发展。

人口规模对经济收益的贡献呈现倒 U 形,即随着人口规模的增加,劳均 GDP 先增加,当人口规模超过一定门槛后,集聚不经济的作用超过集聚经济,人口规模的继续增加将会损害经济产出,这证实了理论上城市最优规模的存在。其他控制变量基本符合预期,资本存量和人力资本对经济发展有着积极的推动作用;政府财政支出占 GDP 的比重为显著负影响,可能的原因是过多的政府支出会挤出私人投资,扭曲资源配置功能,降低市场运行效率,对劳均生产能力造成负面影响。

2) 稳健检验

由于本书的目的在于探究空间结构对经济收益的单向因果关系,简单普通最小二乘法(Ordinary Least Squares,OLS)的估计结果可能因内生性问题而有偏误。首先,空间结构和劳均经济产出之间可能存在双向因果关系,空间结构影响经济收益,但经济发展水平也会影响城市就业的空间布局。其次,尽管本书在回归中已经考虑尽可能多的控制变量,且采用固定效应面板模型控制了不随时间变化的不可观测值,但仍可能会遗漏一些不可观测因素。鉴于此,本书通过寻找外生性的工具变量(Instrumental Variable,IV)及采用两阶段最小二乘法(Two-Stage Least Squares,2SLS)来解决这些内生性问题。

本书以数字高程模型(DEM)数据为基础计算集中度和集聚度的工具变量。首先由美国太空总署(NASA)和国防部国家测绘局(NIMA)于 2000 年联合测量航天飞机雷达地形测绘任务(SRTM) 90 m 分辨率的 DEM 数据,计算全国城市市辖区范围内每个邮区的平均坡度,继而用 90°减去平均坡度获得每个邮区的平坦度,其代表该邮区就业聚集的潜力值;再利用集中度和集聚度的计算公式,用就业潜力(平坦度)代替实际就业值进行潜在的集中和集聚程度的计算,分别作为集中度和集聚度指数的工具变量。

其相关性在于,地形坡度是反映地区地形特征的一种指标,它反映了地表倾斜的程度,客观上会影响城市的格局和经济要素的分布。城市在选择开发建设用地时,通常优先开发坡度较缓的地区,坡度越平坦,集聚就业的潜力越大;相反,倾角较大的地表通常会提高城市规划建设、交通网络建造与使用的成本(Heinimann,1998;Yu et al.,2003),就业集聚潜力相对较弱。工具变量的第一阶段回归结果见表 4-3,采用地表坡度拟合得到的空间结构指数与就业空间结构指数呈显著正相关关系,且用于评价工具变量相关性的 Cragg-Donald Wald F 统计量满足了工具变量相关性的检验(F 统计量是指在弱工具成立的情况下,符合 F 分布的统计量,一般要求 F 值>10,表明显著拒绝原假设,即工具变量的相关性较强)。

表 4-3　工具变量相关性检验:第一阶段回归结果

分类	$\ln(MWI)$	$\ln(MADC)$	$\ln(DELTA)$	$\ln(GINI)$
第一阶段工具变量回归系数	0.301 4***	2.762 9***	0.352 5***	1.104 7***
	(0.031 9)	(0.774 6)	(0.038 6)	(0.437 6)
Shea Partial R^2	0.164 5	0.027 3	0.155 9	0.013 9
Anderson Canon. Corr. LM 统计量	75.848***	12.591***	71.690***	6.396**
Cragg-Donald Wald F 统计量	89.209	12.720	83.419	6.374

注:括号中为标准误。*** 表示 $p<0.01$,** 表示 $p<0.05$,* 表示 $p<0.1$。Shea Partial R^2 即谢伊偏 R^2;Anderson Canon. Corr. LM 统计量即安德森卡农相关性检验统计量;Cragg-Donald Wald F 统计量即克拉格和唐纳德检验统计量。

工具变量的外生性在于,地表坡度属于自然因素,通常具有很强的外生属性。本书采用的坡度数据采集于 2000 年,理论上不受 2004 年及以后经济发展的影响。此外,即使城市发展水平会影响坡度结构,由于 90 m 分辨率的 DEM 数据观测的高度精度为 16 m,相当于四五层楼的高度,因此可以认为该数据的观测值变化受城市开发的影响较小。得到合适的工具变量后,本书采用两阶段最小二乘法来减少模型可能存在的双向因果偏误和遗漏变量偏误。尽管工具变量的相关性检验达到要求,但为了尽量防止弱工具变量带来的估计偏误,本书选择使用对弱工具变量更不敏感的"有限信息最大似然估计法"(LIML)。

工具变量模型回归结果见表 4-4,模型 2 显示对于小城市,集中更有利于经济发展;而当人口规模超过一定门槛后,去中心化更有利于经济收益提高。在模型 5 中,控制了集中度之后,大城市集聚的空间结构仍然对经济有推动作用。所有模型的 Hausman 检验都不显著,无法证明空间结构和经济收益之间内生性的存在。当变量可能外生时,IV 估计量的代价是渐近方差总是大于 OLS 估计量的渐近方差(伍德里奇,2010),因此该模型下空间结构的系数可能会不显著,OLS 相对于 2SLS 更有效。但由于 2SLS 是无偏估计,且 Hausman 检验的可靠性也存在争议,因此本书将 2SLS 的结果也呈现作为稳健分析。

表 4-4　稳健检验一:工具变量回归结果

因变量:ln(劳均生产总值)	2SLS 模型 1	2SLS 模型 2	2SLS 模型 3	2SLS 模型 4	2SLS 模型 5
ln(人口规模)	1.176 7***	1.963 4***	1.179 0***	−1.145 3	−1.406 8
	(0.345)	(0.503)	(0.354)	(1.731)	(1.791)
ln(人口规模)的平方	−0.099 1***	−0.144 8***	−0.099 3***	0.001 7	0.014 6
	(0.033)	(0.040)	(0.034)	(0.090)	(0.101)

续表 4-4

因变量:ln(劳均生产总值)	2SLS 模型 1	2SLS 模型 2	2SLS 模型 3	2SLS 模型 4	2SLS 模型 5
集中度 ln(MWI)	−0.127 2	3.455 7**	—	—	−0.696 8
	(0.215)	(1.592)			(2.874)
ln(人口规模)×集中度 ln(MWI)	—	−0.821 7**	—	—	0.112 4
		(0.380)			(0.642)
集聚度 ln(DELTA)	—	—	−0.697 9	−14.257 2	−14.952 0**
			(0.862)	(9.214)	(7.302)
ln(人口规模)×集聚度 ln(DELTA)	—	—	—	3.065 3	3.258 3*
				(2.144)	(1.663)
其他控制变量	控制	控制	控制	控制	控制
时间固定效应	控制	控制	控制	控制	控制
城市固定效应	控制	控制	控制	控制	控制
样本数/个	714	714	714	714	714
拟合优度	0.872	0.860	0.864	0.795	0.777
城市数量/个	253	253	253	253	253
Hausman Test Prob>chi2	1.000 0	0.740 8	0.999 0	0.940 7	0.970 8

注:括号中为稳健标准误。*** 表示 $p<0.01$,** 表示 $p<0.05$,* 表示 $p<0.1$。工具变量回归命令 IVREG2 不允许仅有一年的样本个体(Singleton Groups)出现,因此又剔除了 20 个样本个体。

此外,表 4-5 尝试将集中度和集聚度更换为其他两种测度(MADC 和 GINI),回归结果基本保持稳健。

表 4-5 稳健检验二:更换空间结构的测度

因变量:ln(劳均生产总值)	FE 模型 1	FE 模型 2	FE 模型 3
ln(人口规模)	1.137 5**	0.922 4**	1.124 2***
	(0.446)	(0.361)	(0.422)
ln(人口规模)的平方	−0.097 8***	−0.090 9***	−0.095 5***
	(0.032)	(0.031)	(0.032)
集中度 ln(MADC)	−0.323 3	—	2.172 3
	(1.377)		(1.813)
ln(人口规模)×集中度 ln(MADC)	0.049 5	—	−0.531 9
	(0.306)		(0.426)

续表 4-5

因变量:ln(劳均生产总值)	FE 模型 1	FE 模型 2	FE 模型 3
集聚度 ln(GINI)	—	−1.643 1*	−2.765 4**
	—	(0.864)	(1.273)
ln(人口规模)× 集聚度 ln(GINI)	—	0.356 1*	0.631 5**
	—	(0.193)	(0.301)
其他控制变量	控制	控制	控制
时间固定效应	控制	控制	控制
城市固定效应	控制	控制	控制
常数项	6.724 9***	7.447 0***	6.676 2***
	(1.486)	(1.092)	(1.377)
样本数/个	734	734	734
拟合优度	0.873	0.874	0.875
城市数量/个	273	273	273

注:括号中为稳健标准误。*** 表示 $p<0.01$,** 表示 $p<0.05$,* 表示 $p<0.1$。

4.3.3 结果讨论

本章研究发现空间结构对城市收益的影响存在规模异质性,不同规模的城市其适宜的空间结构不同。多个模型都稳健地支持大城市适合发展去中心再集聚的多中心格局。如前文的假设,多中心有利于经济发展的两种机制的存在性都得到支持:首先,单一的主中心集聚使得规模经济的负外部性超过正外部性,从而影响城市经济的进一步发展,因此就业逐步去中心化寻找更合适的区位获得了最优收益;其次,就业从主中心分散后,降低了集聚成本,并在外围重新集聚,同时通过"互借规模"来实现更大范围的集聚效应,使得城市经济发展水平进一步提升。

与已有研究的对比来看,本书关于规模对多中心经济收益具有正向调节作用的结论与李迎成等(Li et al., 2018b)对人口密度的调节作用的研究结论保持一致,即集聚水平越高的城市,多中心对经济发展越有利。但梅耶斯等(Meijers et al., 2010)发现在美国多中心在规模较小的都市区收益更高,他们对此的猜想是在小规模的都市区多中心城市之间的功能联系要多于大规模都市区各个中心之间的联系。产生矛盾结论的原因可能是研究样本所处的发展阶段不同。美国的都市区发展已经进入非常成熟的阶段,早在 20 世纪 70 年代就已经基本形成了多中心的大都市空间组织模式,空间结构模式的变化更多地体现在功能联系上而不是在形态上。而中国当前的城镇人口占总人口的比重过半,正处于传统城镇化向新型城镇化转型的关键节点,城市空间结构的形态还在不断演化中,集聚和非集聚经济之间的差值仍然在很大程度上决定着劳动生产率。

1) 讨论一：城市规模对空间结构收益的条件门槛值

为了进一步增加本书的研究结论对我国城市空间结构演化实践的指导意义，本书试图寻找多中心空间结构对经济收益作用发生变化的规模临界值。本书分析的主要对象是经济收益中和空间结构相关的相对收益值 gdp_{STU}，即与城市空间结构相关部分的 GDP 占 GDP 总产出的比重（GDP_{STU}/GDP）。根据生产函数方程推导出空间结构相对收益函数（空间结构和人口规模影响全要素生产率）如下：

$$gdp_{STU} = 1 - \frac{1}{\exp\{[\beta_{\ln(STU)} + \beta_{\ln(STU)\times\ln(POP)} \times \ln(POP)] \times \ln(STU)\}} \quad (4.5)$$

其中，β 为各变量的回归系数。

空间结构相对收益函数的单调性取决于 $\beta_{\ln(STU)} + \beta_{\ln(STU)\times\ln(POP)} \times \ln(POP)$ 的正负，即当 $\beta_{\ln(STU)} + \beta_{\ln(STU)\times\ln(POP)} \times \ln(POP) > 0$，空间结构相对收益函数单调递增，空间结构指数越大，带来的相关经济收益越大；当 $\beta_{\ln(STU)} + \beta_{\ln(STU)\times\ln(POP)} \times \ln(POP) < 0$，空间结构指数越大，相关经济收益越小。本书以加入两个空间结构维度及这两个维度与人口规模交互项的模型为分析对象（表 4-2 的模型 5），在交互项的模型中，令空间结构对经济产出的影响为零，即 $\beta_{\ln(STU)} + \beta_{\ln(STU)\times\ln(POP)} \times \ln(POP) = 0$，可以计算得到集中、集聚对经济收益改变作用方向的人口规模临界门槛值，即多中心空间结构效应变化的规模临界值（表 4-6 和前图 4-2）。通过计算多个模型得到的结果可知，单中心的城市空间结构（集中＋分散）对于人口小于 58 万人的小城市更有收益，多中心的空间结构（去中心化＋集聚）更适宜人口在 71 万人以上的大城市。此外，集中指数的规模门槛值小于集聚指数，即在城市人口规模不断增长的过程中，去中心化发生在再集聚之前通常更有利于经济的持续增长。

表 4-6 城市规模对空间结构经济收益的条件门槛值

分类	表 4-2 模型 5
$\beta_{\ln(MWI)}$	1.346 5
$\beta_{\ln(POP)\times\ln(MWI)}$	−0.332 2
集中指数的经济收益由正变负的人口规模门槛值/万人	57.580 0
$\beta_{\ln(DELTA)}$	−2.784 8
$\beta_{\ln(POP)\times\ln(DELTA)}$	0.652 5
集聚指数的经济收益由负变正的人口规模门槛值/万人	71.370 0

2) 讨论二：城市空间结构对理论城市最优规模点的调节作用

由于城市规模和经济收益之间是二次函数关系，且城市规模和空间结构之间的交互项作用显著,因此,理论上存在的最优规模值受到城市空间结构的调节。

GDP 中和城市规模有关系的部分如下:

$$\begin{aligned}\ln(\text{GDP}_{POP,STU}) &= \beta_1[\ln(POP)]^2 + [\beta_2 + \beta_3 \times \ln(MWI) + \beta_4 \times \\ &\quad \ln(DELTA)] \times \ln(POP) \\ &= -0.0961 \times [\ln(POP)]^2 + 1.0014 \times \ln(POP) + \\ &\quad [-0.3322 \times \ln(MWI) + 0.6525 \times \ln(DELTA)] \times \\ &\quad \ln(POP)\end{aligned} \quad (4.6)$$

其中,β_1 至 β_4 为各变量的回归系数。

根据人口规模及其平方项,并结合人口规模与城市空间结构的交互项系数,可以计算得到不同空间结构下人口规模的理论最优值 P^*(即劳均经济收益最高点时的城市规模)。

$$\begin{aligned}\ln P^* &= \frac{\beta_2 + \beta_3 \times \ln(MWI) + \beta_4 \times \ln(DELTA)}{2 \times \beta_1} \\ &= \frac{1.0014 + [-0.3322 \times \ln(MWI) + 0.6525 \times \ln(DELTA)]}{-2 \times 0.0961}\end{aligned}$$
(4.7)

为了帮助理解空间结构、城市规模和经济收益之间的关系,本书设计了两个典型的空间结构不同的假想城市,城市 1 的集中度指数位于所有城市集中度的 1/4 分位点,集聚度位于 3/4 分位点,即集中度较低、集聚度较高的城市,在前图 3-11 中位于第四象限,即多中心城市;城市 2 正好相反,集中度指数位于所有城市集中度的 3/4 分位点,集聚度位于 1/4 分位点,即集中度较高、集聚度较低的城市,在前图 3-11 中位于第二象限,即单中心城市。

将空间结构指数代入式(4.7),可得不同空间结构下城市规模与劳均 GDP 产出之间的关系。从图 4-3 可以看出,在不同的城市空间结构下,城市规模和经济产出的关系不同(由于图 4-3 仅能代表数量关系,纵坐标具体数据没有实际含义,因此未展示纵坐标刻度,下同)。在多中心的城市 1 (实线),城市经济产出随着城市规模的扩大而不断增加,到达较大规模后(理论上的最优规模点),再扩张规模就会损害城市经济收益了;而在单中心城市 2(虚线),城市产出随着人口规模变化的曲线在相对较小的规模即达到顶点。对比两者可以发现,合理的城市空间结构有助于减少城市规模扩张带来的集聚不经济问题,理论上有利于城市实现更大的最优规模。如图 4-3 中假想的两个空间结构城市,多中心可以实现的最优规模约是单中心的 2 倍($e^{6.4}/e^{5.5} \approx 2.5$)。

需要澄清的是,上述无论是规模门槛的求值,还是最优人口规模的估计,与以往所有最优规模实证研究一样,仅仅是一种理论分析的框架,其数值并不代表一种具体意义,但证实了城市空间结构对城市规模集聚经济和不经济的平衡确实会带来重要的影响。

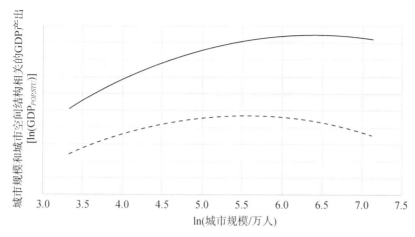

——多中心(MWI Q1, DELTA Q3) - - - 单中心(MWI Q3, DELTA Q1)

图 4-3 单中心与多中心城市的经济收益

注:"MWI Q1,DELATA Q3"代表以 1/4 分位点的 MWI 及 3/4 分位点的 DELTA 为案例的多中心城市;"MWI Q3,DELATA Q1"代表以 3/4 分位点的 MWI 及 1/4 分位点的 DELTA 为案例的单中心城市。

3) 讨论三:空间结构对经济收益影响的经济显著性

为了计算空间结构对经济收益影响的经济显著性及其经济意义,本书按照国务院 2014 年最新公开的城市规模划分标准(表 4-7),分别以 20 万人、50 万人、100 万人、500 万人、1 000 万人为节点,选择市辖区常住人口最接近这几个规模值的五个案例城市(2013 年),分别是嘉峪关(20 万人)、随州(50 万人)、渭南(99 万人)、武汉(513 万人)和天津(822 万人)。

表 4-7 2014 年城市规模划分标准　　　　单位:个

分类标准		城区常住人口	2004 年	2008 年	2013 年
小城市	Ⅱ型小城市	20 万人以下	3	1	2
	Ⅰ型小城市	20 万—50 万人	58	56	46
中等城市		50 万—100 万人	117	107	105
大城市	Ⅱ型大城市	100 万—300 万人	89	99	109
	Ⅰ型大城市	300 万—500 万人	9	9	11
特大城市		500 万—1 000 万人	5	10	9
超大城市		1 000 万人以上	3	3	3

注:由于本书的常住人口规模来自市辖区的 GDP/人均 GDP,2004 年梅州市、云浮市、拉萨市人均 GDP 数据缺失,共计城市 284 个;2008 年柳州市、拉萨市人均 GDP 数据缺失,共计城市 285 个;2013 年巢湖市已撤销,拉萨市人均 GDP 缺失,共计城市 285 个。

以表 4-2 模型 5 为基础,分别计算城市向多中心化空间结构转型,即随着集中度指数 MWI 减少和集聚度指数 DELTA 的增加(或者集中度减少、集聚度增加),劳均 GDP 随之发生的变化量。

从表4-8可知,城市空间结构的转型对不同规模的城市经济收益的影响不同。在20万人口的小城市嘉峪关,若空间结构向多中心转型,每减少1%的集中度将减少劳均GDP产出0.11万元/人,而每增加1%的集聚度同样会降低0.26万元/人的劳均GDP,其整体的经济收益将受到损失;同样,在50万人口的随州市,每减少1%的集中度和增加1%的集聚度分别会带来0.004万元/人和0.02万元/人的劳均GDP损失,略少于嘉峪关市。而在较大的城市,去中心化和集聚的过程都将带来经济收益的增加,且城市规模越大,带来收益的增加越明显,如1000万人左右人口规模的天津市,其去中心化(集中度减小1%)和集聚化(集聚度增加1%)带来劳均GDP的增量都是500万人口的武汉市的2倍左右。与用每变化1标准差的集中度、集聚度得到的结论一致。

表4-8 不同规模条件下空间结构对经济收益影响的经济显著性

人口规模数量级/万人	20	50	100	500	1 000
代表性城市	嘉峪关	随州	渭南	武汉	天津
实际规模/万人	20	50	99	513	822
实际劳均GDP/(万元·人$^{-1}$)	31.10	9.38	15.72	19.52	29.31
集中度减少1%带来劳均GDP的变化/(万元·人$^{-1}$)	−0.110	−0.004	0.030	0.140	0.260
集聚度增加1%带来劳均GDP的变化/(万元·人$^{-1}$)	−0.26	−0.02	0.03	0.25	0.47
集中度减少1标准差带来劳均GDP的变化/(万元·人$^{-1}$)	−1.85	−0.07	0.00	0.02	4.37
集聚度增加1标准差带来劳均GDP的变化/(万元·人$^{-1}$)	−2.81	−0.24	0.37	2.74	5.09

4.4 本章结论与政策启示

本章基于2004年、2008年和2013年的全国经济普查企业微观数据,从集中度和集聚度两个维度出发,用OLS面板双重固定效应模型和工具变量2SLS回归模型对市辖区城市就业多中心空间结构的经济收益进行了检验。研究发现,城市空间结构对经济收益不存在显著的平均效应,但城市规模对其存在显著的条件效应,即不同城市规模下能够提高劳均产出的城市就业空间结构不同。多中心的空间结构在规模较大的城市更有利于提高劳动生产效率,而对于处于发展初级阶段的小城市而言,培育强大的主中心是提高城市经济收益的有效手段。这一研究结论基本符合对现实及理论的认知,城市在规模扩张的过程中,享受集聚经济的同时也会产生集聚不经济,迫使城市去中心化以减少集聚不经济因素的影响,同时在城市外围形成多个次中心,通过规模互借形成网络效应,进而继续享受集聚经济的收益,以提高整体城市的经济发展水平。研究还发现,理论上的最优人口规模随着城市空间结构的变化而变化,多中心空间结构有助于提高城市的容量。

城市空间结构的演化不仅仅是市场经济作用的结果,也是城市政府适应经济发展阶段、调整经济要素布局的一种重要政策思路。本章深化了对城市就业空间演化规律及其经济收益的认知,对中国城市空间规划具有政策启示作用。当前中国不少城市在总体规划过程中纷纷提出去中心化和多中心的战略,疏散中心城区就业,重点建设新城和市郊开发区,甚至将行政中心迁移到新区。研究结论说明,从增加经济收益来看,多中心的空间结构战略确实是一个城市规模增长过程中有效的政策工具。同时,去中心化和集聚的空间结构也影响着人口增长的过程,从而提高了"最优城市规模"。但值得警示的是,不存在适合于所有城市的统一的空间结构政策。从经济效益角度来讲,实施多中心空间战略只有在达到一定规模的大城市才是合理的。在较小的城市发展多中心的空间战略,容易割裂小城市原本就不够大的规模经济,从而使得多中心带来的负面经济效应超过积极的正效应,最终损害城市经济产出。城市规划战略的制定必须符合城市经济发展规律,根据城市发展水平选择适宜的城市发展结构,无视城市自身发展水平,盲目疏散主中心、发展多中心存在一定的风险。

注释

① 来源于各年份的《中国统计年鉴》固定资产投资价格指数(分省)。其中,1995—2000年广东省、1995—1999年海南省该指数缺失,本书用全国平均固定资产投资价格指数代替;1995—1996年重庆市未直辖,因此用四川省固定资产价格指数代替。

② 1995—2003年固定资产交付使用率数据来自《中国固定资产投资统计年鉴》及国家数据网站(全国数据),2004—2013年来自《中国统计年鉴》(分省数据)。

③ 霍尔和琼斯(Hall et al., 1999)、杨格(Young, 2000)利用算术平均增长率法分别计算了基准年近10年和近5年的平均增速。但这种计算方法得到的增速仅仅与初期和末期的投资有关,且本书数据可得性存量的时间较短,会扩大这一缺陷的影响,因此本书采用年度投资额和年份的回归方法能够避免这一影响(陈财茂,2007)。

④ 是指按国家规定的设置标准和审批程序批准建立的,通过全国普通高等学校统一招生考试,招收高级中等学校毕业生为主要培养对象,实施高等学历教育的全日制大学、独立设置的学院和高等专科学校、高等职业学校和其他机构。

5 多中心空间结构的政府成本

5.1 引言

集聚不经济通常被认为和集聚经济相互平衡、共同作用于城市(Henderson,1974;Fujita et al.,1982)。但作为"空间经济最基础的平衡"(Fujita et al.,2002)的一端,集聚不经济却没有受到同等地位的重视。

政府成本的增加是城市集聚不经济表现的一部分。随着城市的扩张,政府需要负担更多公共基础设施的投资和运营,同时也需要付出更多开支用于城市公共事务的管理、环境污染的治理等。城市人口规模对城市政府成本的研究开始于俱乐部物品(Club Goods)的概念。俱乐部物品介于私人物品和公共物品之间,具有非竞争性(在一定限度内,单个会员的增加不会影响其他会员对该物品的消费)和对外排他性(仅由俱乐部成员共同消费)。布坎南(Buchanan,1965)认为城市政府提供的很多公共物品都具有俱乐部物品的性质。前期人口规模的增加分担了公共物品的总成本,但随着人口规模的增加,超过拥挤点后,会给城市带来新的治理成本,居民获得同等质量的公共物品需要投入更多的人均资本。因此,政府支出用于解决城市负外部性的需要被作为发展中国家"瓦格纳法则"成立的原因之一(Diamond,1977),即人口不断在城镇集聚的城镇化现象所带来的问题必须靠政府来解决,这导致政府支出随着国民收入的增长而增长。

早期的最优城市规模的思想就是基于公共物品提供的成本展开的,柏拉图认为一个城市的人口不能超过这个城市广场中心的容量(巴顿,1984)。经典的亨利·乔治定理的本质即公共产品成本的最优分配问题,该定理认为当城市公共产品支出等于人口增加带来的租金时,城市即达到最优规模。类似的相关研究也有从如何最小化政府平均服务成本和提供最优公共物品水平的思路出发来寻找理论上的最优城市规模(Gupta et al.,1968;Arnott,1979)。

通过绘制人口规模和政府成本之间的简单散点关系图,证实在以往的经典公共经济学和城市经济学理论中,随着城市规模的扩张,政府所提供的公共物品达到规模效应,从而减少了政府所负担的成本;但规模的继续扩张会带来集聚不经济,当达到俱乐部物品拥挤点时,政府所负担的成本会随之快速上升。政府成本常见的衡量方法是财政支出占GDP的比重[图5-1(a) (b)]或者人均财政支出水平[图5-1(c)(d)]。

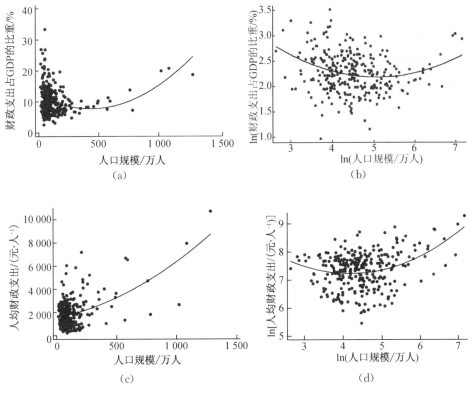

图 5-1 人口规模和政府成本之间的关系

注:(a)图和(c)图为两者的绝对数值关系;(b)图和(d)图为两者的对数关系。数据基于本书初始年份2004年,具体见第5.3节数据说明。

尽管城市规模和政府成本之间存在着密不可分的联系,但城市空间结构与政府成本之间的关系同样不容忽视。首先,空间结构是城市经济活动在空间分布的表征,因此也会影响政府提供公共物品的成本和效率,不合理的开发模式可能会带来公共物品的利用率不高、共享度下降,使得政府所提供的基础设施成本无法分担,也可能会由于共享群体规模负载带来拥挤效应,从而推动政府供给成本的上升;其次,政府的债务负担和对空间结构的改造这两者的关系在中国"官员晋升锦标赛"机制下得到了加强,各地政府官员为实现自身任期内的政绩,不惜举债建设新城新区,大力投入基础设施改造(常晨等,2017),利用市政债券等融资渠道进行城市土地开发(弗农·亨德森,2007)。

基于此,本章重点论述城市空间结构和政府成本之间的关系,以及探究这一关系在不同规模的城市是否会有所不同。研究结论发现,在大城市,集聚的空间结构下的政府成本更高,可能的机制是在大城市若仍然保持集聚的空间结构,则集聚不经济无法得到疏解,城市政府需要付出更多成本用于补偿规模过大带来的拥挤效应,如道路建设、垃圾处理等问题。

本章余下部分结构如下:第5.2节从实证角度综述了空间结构对政府

成本的影响,尤其关注规模在其中的条件作用;第5.3节给出了模型设定、数据和变量说明,介绍了本章的基准回归结果和稳健检验,同时提供了相关的结果讨论;第5.4节是本章的结论和政策启示。

5.2 相关研究和文献

5.2.1 空间结构对政府成本的影响

城市政府是城市空间结构建设的主体行动者,而政府支出行为是政府参与城市建设的重要反映指标,这两者之间的关系在中国情境下又由于地方官员的竞争和晋升机制得到了加强。因此,本节在多中心两个维度(集中度和集聚度)和政府支出关系综述的基础上,又补充了反映地方政府竞争激烈程度的城市政治结构维度。其中,密度作为空间结构集聚维度的表现之一,和政府支出之间的关系研究历史最为悠久和成熟。

(1)大量文献研究密度和政府成本的关系,这类研究常将低密度作为"蔓延"的代理指标,但结论并不统一。作为一个城市规划的实践问题,这一领域最初的成果来源于城市建设工程项目的核算(Wheaton et al.,1955;Isard et al.,1957)。基于多种开发情境的成本比较,很多研究都提出低密度开发模式的基础设施建设成本高于紧凑开发模式。最具代表性的成果是1974年由美国房地产研究公司(Real Estate Research Corporation,RERC)筹备的研究项目,该项目将所有居住区开发类型归为"低密度开发""混合式开发""高密度开发"三种模式进行比较,通过研究多项政府支出(供水、管道、道路、公共交通等),发现"低密度开发"模式的成本接近"高密度开发"模式的2倍。同样,有研究(Burchell,1992;Burchell et al.,1995,1997)通过模拟未来发展情境,研究新泽西州、特拉华州、密歇根州,发现紧凑开发模式的城市和学区每年都将比蔓延型节约一定数量的运营成本。但对这些项目和发展情境进行比较的研究多数都基于某些城市或者某类项目的开支,缺乏对支出的统一核算,因此难以获得统一可信的结论(Frank,1989;Carruthers et al.,2003)。此外,由于缺乏控制其他影响服务成本的因素,以RERC为代表的这些研究也受到了多方质疑(Altshuler,1977;Altshuler et al.,1993;Ladd,1998)。

后续的研究通过建立严谨的多元回归实证模型,进一步对密度和各项政府支出的关系进行研究,发现确实在政府支出的某些项目上,密度越低,支出越高(Pendall,1999;Carruthers et al.,2008;Hortas-Rico et al.,2010)。莱德(Ladd,1992)在分析美国的县级数据时发现这两者之间的关系可能是U形的,即人均政府服务的成本起初随着密度的增加而降低,随后快速增长。和人口规模一样,人口密度也服从规模经济和不经济的规律,作者解释为在高密度的地区,快速增长的交通拥堵、上升的犯罪率等城市环境的恶化推动了政府成本的上升(Ladd,1998)。

（2）是否集中分布也通常被认为是影响政府服务成本的重要因素。罗海瑟等（Rolheiser et al.，2019）认为一个集中程度越高的城市，政府提供服务（如消防和警力服务）的速度也越快，而一个去中心化的城市则需要建设更多的站点来保障提供及时的救援服务。除了罗海瑟等（Rolheiser et al.，2019）在实证策略中加入集中度指标以外（尽管他们没有发现显著的证据），其他文献通常默认远离中心的开发是低密度的，而靠近中心的开发是高密度的，但仅提供了相应的文字阐述并没有直接对集中度的政府成本影响进行实证检验。比如，有学者（Gaffney，1964；Frank，1989；Duncan et al.，1989）认为政府设施布置在高密度的中心区域能节约成本，而布局在外围低密度的区域则成本更高。唐宁（Downing et al.，1973）提出了类似的观点，认为在外围分散的开发项目比集中且紧凑布局的开发项目成本更高，这是因为政府成本是平均定价的，低密度的外围开发项目应承担的政府开发成本的一部分转移给了高密度的中心开发项目，即中心城市的居民补贴了边缘地区。

（3）多中心的空间结构模式对政府成本的影响同样缺乏直接的研究，隐含在"蛙跳式"蔓延或不连续发展模式的政府成本的讨论，认为多中心降低了政府成本。一类成果从长期的角度提出"蛙跳式"蔓延模式促进了地区填充发展的效率，有利于减少长期的成本（Peiser，1984；Altshuler et al.，1993）。"蛙跳式"蔓延允许在原来基础上进行更高密度的开发，而既不需要摧毁已有的建设，也不需要投入公共资本预先购置空地和预留未来发展。这种开发模式比第一阶段低密度开发所有外围土地、第二阶段拆掉已有建筑向高密度转型这种模式更加节约成本。他们提出滞后的填充式发展所带来的成本节约应该被考虑在政府成本的核算研究中。另一类成果从政治行为的角度来解释，有研究将西班牙统计局定义的人口中心的个数作为城市是否连续发展的评价标准，通过2 500个城市实证研究结果发现，人口中心个数越多，政府支出越少（Hortas-Rico et al.，2010）。他们认为政府通常不会公平地对待每个中心，尤其是那些租房较多的次中心，这是因为该地区的居住者通常不是本地居民，无法通过投票的形式来约束市长的表现，因此政府没有充分的动机来提高该地区的服务水平。常晨等（2017）通过匹配中国城市政府负债率和新城建设数据发现，大规模的新城建设推高了地方政府负债率。

（4）城市的政治结构是一种特殊维度的空间结构，尤其是多个较小的本地政府带来的土地使用权的破碎化（Downs，1999），是界定城市蔓延的标准之一（Downs，1994，1999）。新的政府主要成立在城市的边缘地区，这一过程带动了新企业和服务在郊区的发展，因此通常是城市蔓延的基础（Carruthers et al.，2002，2003），如中国情境下的县改区等市辖区数量的调整。

从理论上来看，对于辖区数目和政府支出之间的关系存在相反的两方观点。单中心学派认为大规模的地方政府有利于减少与多个小单位政府谈判的交易成本,在行政管理和生产服务中是最有效率的。集中化的政府能在提供公共服务的过程中实现规模收益,跨行政区的竞争是无益的,且认为这是一种零和博弈或负和博弈(Rusk,1995)。此外新的地方政府的设立,通常是为了增加或者维持某个新的城镇化地区的公共服务质量和水平(Lewis,1996;Foster,1997),因此政府数量与公共服务成本提高有关。多中心学派认为多个本地政府机构能够为企业和居民在服务、税收等方面提供更多样的选择,使得他们更有可能找到符合自身偏好的服务和税收类型(Tiebout,1956;Ostrom et al.,1961;Boyne,1996),且跨行政区的竞争能保证客户的数量、质量以及他们所需的服务成本(Nunn et al.,1996)。多个地方政府产生的重叠交叉的信号并不一定是混乱无效的,相反,这种差异满足了异质的需求,使得不同的城市服务在不同的尺度获得生产效率(Honey,1976;Parks et al.,1989;罗震东,2007)。此外,居民和企业可以"用脚投票"进行流动,因此为了更好地吸引和留住居民企业,碎化的都市区政府成本相对更低(Tiebout,1956)。有实证研究通过结构方程模型发现政府碎化(人均政府数量)与人均基础设施支出无关,但与低密度开发以及较高的房地产价值有关(Carruthers et al.,2008)。古德曼(Goodman,2015)基于美国县域面板数据的研究支持了单中心学派的理论,得出政府碎化(包括人均政府数量、学区数量、特区数量等)会扩大人均政府直接支出。

空间结构对政府成本的影响很少考虑整体人口规模的条件作用。有学者认为以往的成果都没有很清晰地研究空间结构对政府成本的影响,因为通常空间结构和其他因素没有办法完全剥离,尤其是人口规模(Speir et al.,2002)。基于美国 5 万人口以上的 487 个城市检验人口密度和人均政府支出之间的关系,有研究发现 50 万人以下的城市,政府支出随着人口密度的增加而减少;50 万人以上的城市,更高的人口密度带来更高的政府支出(Holcombe et al.,2008)。常晨等(2017)在新城建设和城投债的研究中发现,中小城市新城的规划密度越高政府的负债率越低;而在大城市,更高密度的新城建设会加重地方政府财政负担。

5.2.2 已有实证文献不足和理论假说

基于以上文献综述,将已有成果可能存在的不足概括为以下几个方面:

(1)在政府成本问题的研究上,对空间结构的讨论维度单一,以对"密度"或者"蔓延"的直接讨论居多,缺乏基于多中心维度的实证。尽管"密度"这一维度直接提供了政府服务的规模经济与拥堵成本之间的关系,但是在对较大的地理单元进行研究时,单一的城市平均密度指标能提供的信息非常有限,缺乏多元的空间结构指标无法反映城市内部的经济活动分布结构。

(2)空间结构对政府成本的影响缺乏考虑城市人口规模的条件效应。城市人口规模是影响政府成本的重要因素,小城市的政府服务通常缺乏集聚经济而导致政府服务共享效率不高,大城市的政府主要面临拥挤效应所带来的公共服务质量下降的问题,为提供同样的服务质量迫使政府增加支出。空间结构有利于调节城市内部的集聚经济和集聚不经济的平衡。因此,在不同城市规模下,政府成本的空间结构组织模式理应不同。忽视城市人口规模的条件作用,不利于为不同发展阶段的城市提供合理的空间结构发展方向指导。

(3)已有研究的实证模型缺乏与公共经济学理论的结合。一方面,政府财政分权因素在城市空间结构与政府成本的研究中长期被忽视。中国属于世界上分权程度最高的国家之一(张军,2007;傅勇,2010),因此地方政府的财政权力较大,在城市空间结构调整以及供给公共物品上都长期占据主导地位,忽略财政分权因素不利于得到核心变量空间结构对政府支出影响的准确估计。另一方面,以往研究忽视了政府碎化对政府成本的影响。政府碎化(辖区个数)等政治结构既可能影响空间结构的塑造(如过度碎化带来蔓延),也可能通过政府竞争来影响政府提供服务的成本。政府碎化使得城市空间结构和政府支出之间的关系更加复杂化(Fischel,1987),这一复杂性在中国"政治集权,财政分权"和"官员晋升锦标赛"的政治体制下又得到了进一步的加强(周业安等,2002;周黎安,2004,2007,2008;徐现祥等,2011)。

基于已有研究存在的不足,本章拟探讨多维度的空间结构对政府成本的影响,重点检验了在不同规模的城市中,空间结构对城市政府支出水平是否存在不同的效应。本书尝试采用更加稳健的双重固定面板模型,同时考虑到政府成本和空间结构之间可能存在的内生性问题,结合工具变量等稳健检验,为该领域的研究提供进一步的证据。本章的几点假说如下:

假说一:不同人口规模的城市,空间结构对政府成本的影响也不同。在人口规模较小的城市,其自身的规模经济较小,政府在提供公共物品时,将人口规模集聚在较小的范围内,有利于节约政府成本,避免由于无法实现规模经济而导致公共物品的共享率低,从而使得政府支出效率降低;而在大城市,更重要的问题是解决规模经济带来的集聚不经济问题,如果城市空间结构合理布局,将有利于减少集聚不经济效应从而节约政府开支。

假说二:城市的政府结构也是空间结构的一部分,对政府成本的影响可能存在非线性的效应。对于中国自上而下的政府治理体系来说,数目较多的辖区政府会刺激地方政府之间的相互竞争,适度的竞争有利于约束政府官员的自利行为,降低政府服务供给的成本,但过度的竞争会造成竞争手段的恶化,从而可能带来政府服务的过度膨胀。因此,从理论上讲辖区数目存在一个合理规模。

5.3 实证分析结果

5.3.1 模型设定、数据和变量说明

本章主要关注空间结构对地方政府成本的影响。根据以往理论、实证文献以及中国的现实情境进行了计量模型的设计,具体估计模型如下:

$$\ln g_{it} = \alpha Ds_{it} + \beta Gns_{it} + \sum_{j=1}^{n} \gamma_j \ln X_j + \delta \ln(STU)_{it} + \\ \varepsilon \ln(STU)_{it} \times \ln(POP) + \theta_i + \vartheta_t + \varsigma_{it} \tag{5.1}$$

其中,α、β、γ、δ、ε分别为不同变量的回归系数;θ_i代表不随时间改变的城市个体效应;ϑ_t代表不随个体改变的时间效应;ς_{it}代表模型的随机误差项。

因变量政府所负担的成本g_{it}常用地方政府财政相对支出规模来测度,即政府财政支出占 GDP 的比重(Stein,1999;Jin et al.,2002;郭庆旺等,2010)。在政府财政支出中,除了一部分固定水平的开支(即与城市规模、城市空间结构无关的公共开支在当地产出中的份额)以外,城市规模和空间结构如果显著提高了政府财政支出占 GDP 的比重,即表明政府负担了一部分城市规模扩张和空间结构调整带来的成本$g_{STU,POP}$,比如为解决城市负外部性而增加的非营利性城市公共基础设施投资和管理费用、城市社区和公共事务管理成本以及环境治理投资等。人均政府财政支出也同样是政府所负担成本的常用代理变量(Ladd,1992;Carruthers et al.,2008;Goodman,2015)。由于本书的目的在于建立一个空间结构收益—成本的对比,即政府成本需要建立与 GDP 收益的对比关系,因此在基准模型中采用前者,即利用地方政府财政支出占 GDP 的比重来测度政府成本。为保证结果的可靠性,在稳健检验部分,换为人均政府支出作为因变量重新进行了回归。

STU和POP以及这两者的交互项是本书的核心变量:STU是包含了集中、集聚两个维度的空间结构变量;POP是以常住人口数测度的城市规模变量。

Gns为政府碎化程度变量,政府碎化一方面是蔓延的标准之一(Downs,1994,1999),另一方面由于碎化带来的地方政府竞争同时影响着形态上的空间结构以及政府支出水平,因此必须加入模型中。本书利用市辖区的个数来表示政府的碎化程度。较少的辖区数量有利于形成当地公共服务的规模经济,而较多辖区可以为企业和居民提供更多可选择的服务,因此存在多样化和规模经济之间的权衡。此外,地方政府官员为了追求自身晋升,和同级官员之间存在锦标赛式的竞争(徐现祥等,2011)。理论上,适度的竞争有利于政府成本的降低,而过低或过高的竞争可能都会带来政府支出规模的膨胀。

Ds 为财政分权变量,包括财政收支分权、财政收支分权和东部地区虚拟变量的交互项。财政收支分权对政府支出的影响一直是公共经济的一个重要研究主题,同时地方政府权力及相互竞争与城市新城建设等空间结构调整战略存在密切联系(常晨等,2017)。已有大量的研究发现地区财政收入分权和支出分权都对政府支出规模有着重要的影响,且财政支出分权对政府支出规模具有显著的正效应,财政收入分权则对政府财政支出规模具有显著的负效应(Jin et al., 2002; Fiva, 2006; 郭庆旺等, 2010)。此外,财政收支分权对地方政府财政支出规模的非对称性影响在东部地区均相对较弱,因此加入东部地区和分权指数的交互项来检验(郭庆旺等,2010)。对于财政收支分权,借鉴了已有文献的普遍做法,即利用人均地级市市辖区财政收入(支出)/[人均中央财政收入(支出)+人均省份本级财政收入(支出)+人均地级市市辖区财政收入(支出)]来测度地级市市辖区地方政府的财政收支分权水平(郭庆旺等,2010;贾俊雪等,2011)。

X 为其他控制变量,主要包括财政收入占 GDP 的比值和 GDP 总量,分别反映政府收入水平和城市经济发展水平对政府支出规模的影响。θ_i、ϑ_t、ε_{it} 分别是个体效应、时间效应和误差项。

政府成本模型所涉及的相关变量描述性统计分析如表 5-1 所示。

表 5-1 政府成本模型相关变量的描述性统计

变量名称	单位	均值	标准差	最小值	最大值
ln(财政支出比率)	100%	−2.150	0.450	−3.680	0.060
收入分权指数	100%	0.400	0.190	0.030	0.900
支出分权指数	100%	0.530	0.150	0.120	0.940
收入分权指数×东部城市虚拟变量	100%	0.160	0.250	0.000	0.900
支出分权指数×东部城市虚拟变量	100%	0.200	0.300	0.000	0.940
市辖区个数	个	3.180	2.700	1.000	19.000
ln(财政收入比率)	100%	−2.760	0.520	−4.660	−1.340
ln(国内生产总值)	万元	14.950	1.300	11.500	19.180
ln(人口规模)	万人	4.650	0.760	2.650	7.500
集中度 ln(MWI)	—	0.490	0.160	−0.690	0.690
集中度 ln(MADC)	—	0.580	0.080	0.190	0.690
集聚度 ln(DELTA)	—	0.470	0.110	0.030	0.650
集聚度 ln(GINI)	—	0.520	0.110	0.030	0.670

注:"东部城市虚拟变量"若属于东部城市,则该变量=1。

本章所采用的因变量和其他控制变量数据都来自相应年份的《中国城

市统计年鉴》。中央财政收入和省级财政收入来自相应年份的《中国统计年鉴》。市辖区个数以 2010 年第六次全国人口普查数据中的区划个数为基础,笔者结合区划地名网(行政区划网)中区划调整的情况,再经手工统计获得 2004 年、2008 年和 2013 年市辖区个数数值,具体个数分布及其历年变化如图 5-2 所示。整体来看,2004—2008 年市辖区个数相对比较稳定,2008—2013 年行政区划调整更为频繁①。

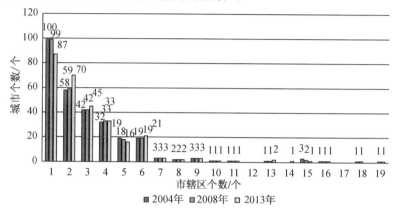

图 5-2 中国市辖区个数分布图

5.3.2 估计结果

1) 基准回归

模型估计结果如表 5-2 所示,模型 1 和模型 3 分别只加入集中度和集聚度,结果显示集中和集聚的城市都会带来政府支出规模的上升,这表明集聚不经济是中国城市政府面临的重要问题。模型 2 和模型 4 考虑到城市规模对空间结构政府支出规模的条件作用,加入了集聚度以及集聚度与人口规模的交互项。回归结果显示,从平均意义上讲,集聚会带来政府支出规模的上升,且城市人口规模确实对集聚的政府支出规模作用存在显著的条件效应[集聚对政府支出的影响系数为 $\delta + \varepsilon \ln(POP)$],在人口规模较小的城市,集聚度对政府成本的作用为负,即越集聚政府成本越小,随着城市规模的扩大,集聚不经济占主导地位,集聚的空间结构会带来更高的政府成本。模型 5 将集中度、集中度与人口规模的交互项、集聚度、集聚度与人口规模的交互项共同放入回归模型中,回归结果显示集聚度、集聚度与人口规模的交互项显著,即在控制了城市集中程度的前提下,小城市增加集聚程度会减少政府成本,而大城市继续集聚会带来政府成本的上升。这与公共物品的俱乐部物品的性质是一致的,小城市规模经济相对较少,需要经济活动集聚在一起对政府提供的公共物品进行成本的分担;而大城市规模过大导致公共物品供应已经超过"拥挤点",如果城市继续保持集聚的发展结构,想获得同样的效用,就需要付出更多的政府开支。在这个模型中,多中心的另一个维度,即去中心化过程对政府支出规模的作用以及规模对其的条件作用在这里都没能得到显著的证明。

为了进一步探究人口规模给集聚空间结构带来的政府成本的条件作用,本书以表 5-2 的模型 5 为基础,绘制集聚对于政府支出规模的作用系数变化图,如图 5-3 所示。横坐标为 ln(人口规模),纵坐标为集聚度对政府支出的影响系数,即 $\delta + \varepsilon \ln(POP)$。从图 5-3 可以很明显得知,集聚度对政府支出的影响受到人口规模的调节,在小城市,集聚对政府支出的影响系数为负值,即越集聚越利于节约政府成本;在大城市,集聚对政府支出的影响系数在人口规模的调节下变为正值,即集聚会带来大城市政府支出规模的上升。

表 5-2 政府成本模型基准回归结果

因变量:ln(政府支出占 GDP 的比重)	FE 模型 1	FE 模型 2	FE 模型 3	FE 模型 4	FE 模型 5
ln(人口规模)	1.040 3***	0.991 4***	1.042 1***	0.908 2***	0.927 4***
	(0.175)	(0.160)	(0.174)	(0.165)	(0.166)
ln(人口规模)的平方	−0.054 9***	−0.051 8***	−0.055 0***	−0.048 4***	−0.050 0***
	(0.015)	(0.014)	(0.015)	(0.014)	(0.014)
集中度 ln(MWI)	0.101 2***	−0.092 5	—	—	0.306 5
	(0.031)	(0.210)			(0.290)
ln(人口规模)×集中度 ln(MWI)	—	0.045 1	—	—	−0.059 9
		(0.051)			(0.073)
集聚度 ln(DELTA)	—	—	0.169 1***	−0.578 3*	−0.840 2**
			(0.052)	(0.317)	(0.389)
ln(人口规模)×集聚度 ln(DELTA)	—	—	—	0.169 4**	0.221 4**
				(0.071)	(0.092)
市辖区个数	−0.073 8***	−0.072 9***	−0.077 1***	−0.075 0***	−0.074 8***
	(0.025)	(0.025)	(0.024)	(0.024)	(0.025)
市辖区个数平方	0.004 1***	0.004 1***	0.004 3***	0.004 1***	0.004 1***
	(0.001)	(0.001)	(0.001)	(0.001)	(0.001)
ln(财政收入比率)	0.256 7***	0.257 1***	0.256 7***	0.255 3***	0.254 7***
	(0.060)	(0.061)	(0.060)	(0.060)	(0.060)
ln(国内生产总值)	−0.626 0***	−0.625 3***	−0.624 0***	−0.630 5***	−0.632 5***
	(0.065)	(0.066)	(0.065)	(0.065)	(0.064)
收入分权指数	−1.424 4***	−1.424 4***	−1.441 7***	−1.423 9***	−1.421 8***
	(0.275)	(0.277)	(0.276)	(0.277)	(0.274)

续表 5-2

因变量:ln(政府支出占GDP的比重)	FE 模型 1	FE 模型 2	FE 模型 3	FE 模型 4	FE 模型 5
支出分权指数	4.195 1***	4.193 3***	4.199 5***	4.199 3***	4.200 1***
	(0.148)	(0.148)	(0.145)	(0.144)	(0.145)
收入分权指数×东部城市虚拟变量	0.518 8	0.501 6	0.510 0	0.525 5	0.570 6*
	(0.337)	(0.344)	(0.334)	(0.336)	(0.343)
支出分权指数×东部城市虚拟变量	−1.062 7***	−1.052 2***	−1.053 9***	−1.073 3***	−1.098 1***
	(0.387)	(0.394)	(0.378)	(0.381)	(0.385)
时间固定效应	控制	控制	控制	控制	控制
城市固定效应	控制	控制	控制	控制	控制
常数项	3.413 4***	3.556 6***	3.361 2***	3.908 4***	3.873 5***
	(0.540)	(0.547)	(0.538)	(0.564)	(0.571)
样本数/个	750	750	750	750	750
拟合优度	0.945	0.945	0.945	0.945	0.945
城市数量/个	274	274	274	274	274
Hausman Test Prob>chi2	0.000	0.000	0.000	0.000	0.000

注:括号中为稳健标准误。*** 表示 $p<0.01$,** 表示 $p<0.05$,* 表示 $p<0.1$。中国共计 287 个地级及以上城市(行政区划以研究时间段的中间年份 2008 年为标准),理论上有 861 个样本 (287×3),其中 103 个样本(城市×年份)因为全国经济普查企业微观数据中的邮区信息缺失而导致样本缺失,其他 8 个样本由于《中国城市统计年鉴》没有提供相关控制变量的数据而缺失(750 = 861−103−8)。霍斯曼(Hausman)检验结果(Hausman Test Prob>chi2)均显示强烈拒绝原假设,认为应该采用固定效应模型,而非随机效应模型。

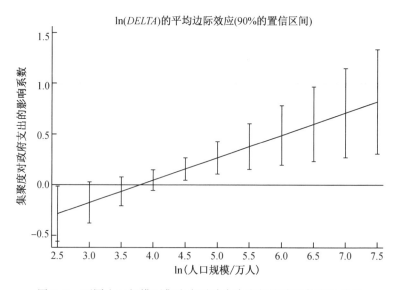

图 5-3 不同人口规模下集聚度对政府支出的影响系数变化分析

此外,本书还发现,与以往单纯的线性关系不同,政府碎化程度和政府成本之间存在明显的 U 形关系,即在控制了整个辖区人口规模的前提下,随着辖区数目的增加,政府支出规模先降低后上升。这表明政府之间的竞争存在一个适度的规模,在最初阶段,辖区数目的增加有利于增加政府对当地企业和居民的多样化需求了解,有助于减少政府信息了解的成本,带来政府支出规模的减少;随着辖区数量的进一步增加,过度的竞争带来政府行为的扭曲,如政府寻租、产业重复建设、盲目举债投资新城等,从而导致政府支出规模过度膨胀。

财政支出分权对县级地方政府支出规模具有显著的正效应,财政收入分权则具有显著的负效应,此外财政收支分权和是否东部地区哑变量的交互项为负,这均与公共经济学的已有研究结论一致(Jin et al., 2002;Rodden,2003;郭庆旺等,2010)。可能的解释是财政支出权力越大,政府提供公共服务的效率越高,进而带来公共服务的需求增加;财政收入分权越大会带来中央转移支付的减少,进而减少地方公共物品的供给数量,而东部财政自主能力较强,对中央政府等公共池效应的依赖较弱。

城市人口规模和政府支出比重之间的关系呈现显著的倒 U 形关系,与最初的简单二元散点正 U 形关系完全相反。通过计算人口规模平方项的对称轴可得

$$\ln(POP^*) = \frac{\beta_{\ln(POP)} + \beta_{\ln(POP) \times \ln(DELTA)} \times \ln(DELTA)}{-2 \times \beta_{[\ln(POP)]^2}}$$

$$= \frac{0.9274 + 0.2214 \times \ln(DELTA)}{0.1} \quad (5.2)$$

已知 $\ln(DELTA)$ 的取值范围为 $0.03-0.65$,即理论上对称轴的取值范围为 $11\,389$ 万—$44\,941$ 万人[$\ln$(人口规模)的取值范围为 $9.34-10.71$],远远超过现实中所有城市的人口规模数。因此,本书中所有样本均位于二次函数对称轴的左侧,即倒 U 形的上升阶段,这表明在控制其他变量的情况下,随着人口规模的上升,政府支出规模随之上升,符合理论假设。

财政收入比重的增加会带来更大的政府支出规模。与以往回归结果相反的 GDP 系数,是因为以往研究主要采用人均 GDP 作为经济发展水平的控制变量,本书为了将人口规模的效应完全体现在 POP 变量中,这里采用 GDP 总量作为控制经济发展水平的指标。由于因变量是政府支出占 GDP 的比重,因此 GDP 总量越大,因变量越小,符合基础事实。

2) 稳健检验

在中国,地方政府的空间结构调整战略首先推行的就是城市基础设施的投资,尤其是偏向于以个人经济增长为目标的官员考核制度,该制度极大地推动了各级地方政府将基础设施投资作为政绩表现的项目工程。不少城市政府支出将被用于城市基础设施建设,甚至举债建设次中心的新城新区,因此政府支出和空间结构之间可能存在双向因果关系。为了解决这一内生性问题所带来的回归系数偏误,本书继续采用第 4 章的工具变量

(详见第4.3.2节),利用数字高程模型(DEM)数据获得地形坡度数据进行潜在的集中度、集聚度的测量,重新进行了回归估计,第一阶段结果如表5-3所示。从第一阶段结果来看,本书利用坡度数据构造的空间结构变量与原始就业数据计算得到的空间结构指数存在较强的相关性,第一阶段工具变量系数为正且显著,因此工具变量的估计是有效的。

表5-3 工具变量第一阶段回归结果

分类	$\ln(MWI)$	$\ln(MADC)$	$\ln(DELTA)$	$\ln(GINI)$
第一阶段工具变量回归系数	0.2981***	0.3346***	2.9650***	1.2269***
	(0.0315)	(0.0381)	(0.7677)	(0.4271)
Shea Partial R^2	0.1618	0.1427	0.0312	0.0175
Anderson Canon. Corr. LM 统计量	77.015***	67.940***	14.856***	8.334***
Cragg-Donald Wald F 统计量	89.372	77.088	14.916	8.251

注:括号中为标准误。*** 表示 $p<0.01$,** 表示 $p<0.05$,* 表示 $p<0.1$。Shea Partial R^2 即谢伊偏 R^2;Anderson Canon. Corr. LM 统计量即安德森卡农相关性检验统计量;Cragg-Donald Wald F 统计量即克拉格和唐纳德检验统计量。

工具变量的回归结果如表5-4所示。模型5与基准回归保持一致,即小城市集聚有利于减少政府成本,而大城市集聚会带来更高的政府成本,这一结论在解决内生性问题后仍然成立;模型1、模型3、模型4中的空间结构、空间结构和规模的交互项不显著,但系数的符号符合预期[模型4中$\ln(DELTA)$的P值为0.104,$\ln(人口规模)\times$集聚度$\ln(DELTA)$的P值为0.119,均接近10%显著]。由于大部分模型的霍斯曼(Hausman)检验并未拒绝原假设(除了模型2),无法证明空间结构和政府支出规模之间存在显著的内生性问题,因此普通最小二乘法(OLS)是相对更加有效的估计。

表5-4 稳健检验一:工具变量回归结果

因变量:$\ln$(财政支出占GDP的比重)	2SLS模型1	2SLS模型2	2SLS模型3	2SLS模型4	2SLS模型5
$\ln$(人口规模)	1.0578***	1.1932***	1.0721***	0.0904	−0.0287
	(0.174)	(0.249)	(0.179)	(0.655)	(0.754)
$\ln$(人口规模)的平方	−0.0565***	−0.0650***	−0.0579***	−0.0099	−0.0014
	(0.016)	(0.020)	(0.016)	(0.035)	(0.043)
集中度 $\ln(MWI)$	−0.0173	0.5309	—	—	−1.0723
	(0.091)	(0.670)			(1.301)
$\ln$(人口规模)×集中度 $\ln(MWI)$	—	−0.1258	—	—	0.2283
	—	(0.158)			(0.287)

续表 5-4

因变量:ln(财政支出占GDP的比重)	2SLS模型1	2SLS模型2	2SLS模型3	2SLS模型4	2SLS模型5
集聚度 ln(DELTA)	—	—	−0.215 0	−5.751 5	−5.117 4*
			(0.379)	(3.536)	(3.004)
ln(人口规模)×集聚度 ln(DELTA)	—	—	—	1.245 9	1.100 7*
				(0.800)	(0.668)
市辖区个数	−0.074 5***	−0.077 0***	−0.070 9**	−0.055 2	−0.052 8
	(0.027)	(0.029)	(0.029)	(0.035)	(0.036)
市辖区个数平方	0.004 2***	0.004 5***	0.004 2***	0.003 0*	0.002 7
	(0.001)	(0.001)	(0.001)	(0.002)	(0.002)
ln(财政收入比率)	0.255 0***	0.254 1***	0.253 5***	0.242 2***	0.244 0***
	(0.056)	(0.055)	(0.057)	(0.061)	(0.063)
ln(国内生产总值)	−0.631 5***	−0.633 2***	−0.639 2***	−0.688 6***	−0.683 8***
	(0.060)	(0.059)	(0.064)	(0.074)	(0.074)
收入分权指数	−1.397 3***	−1.398 9***	−1.349 8***	−1.209 6***	−1.202 8***
	(0.262)	(0.259)	(0.287)	(0.318)	(0.336)
支出分权指数	4.197 7***	4.202 5***	4.194 6***	4.192 4***	4.185 6***
	(0.136)	(0.137)	(0.139)	(0.152)	(0.156)
收入分权指数×东部城市虚拟变量	0.455 9	0.508 1	0.408 0	0.511 4	0.360 8
	(0.306)	(0.310)	(0.329)	(0.381)	(0.409)
支出分权指数×东部城市虚拟变量	−1.050 0***	−1.080 2***	−1.049 3***	−1.191 4***	−1.111 6**
	(0.350)	(0.348)	(0.365)	(0.422)	(0.441)
时间固定效应	控制	控制	控制	控制	控制
城市固定效应	控制	控制	控制	控制	控制
样本数/个	731	731	731	731	731
拟合优度	0.943	0.942	0.939	0.918	0.910
城市数量/个	255	255	255	255	255
Hausman Test Prob>chi2	0.999 6	0.997 2	1.000 0	0.993 3	0.999 6

注:括号中为稳健标准误。*** 表示 $p<0.01$,** 表示 $p<0.05$,* 表示 $p<0.1$。2SLS 即两阶段最小二乘法。由于数据统计分析管理软件(STATA)中的工具变量回归命令 IVREG2 不允许仅有一年的样本个体(Singleton Groups)出现,故剔除了 19 个样本个体。

人均财政支出也是衡量政府成本的一个常用变量,将因变量财政支出占 GDP 的比重改为人均财政支出后,得到的稳健结果如表 5-5 所示,结论与基准模型保持一致。

表 5-5 稳健检验二：更换因变量为人均财政支出

因变量:ln(人均财政支出)	FE 模型 1	FE 模型 2	FE 模型 3	FE 模型 4	FE 模型 5
市辖区个数	−0.073 8***	−0.072 9***	−0.077 1***	−0.075 0***	−0.074 8***
	(0.025)	(0.025)	(0.024)	(0.024)	(0.025)
市辖区个数平方	0.004 1***	0.004 1***	0.004 3***	0.004 1***	0.004 1***
	(0.001)	(0.001)	(0.001)	(0.001)	(0.001)
集中度 ln(MWI)	0.101 2***	−0.092 5	—	—	0.306 5
	(0.031)	(0.210)			(0.290)
ln(人口规模)×集中度 ln(MWI)	—	0.045 1	—	—	−0.059 9
		(0.051)			(0.073)
集聚度 ln(DELTA)	—	—	0.169 1***	−0.578 3*	−0.840 2**
			(0.052)	(0.317)	(0.389)
ln(人口规模)×集聚度 ln(DELTA)	—	—	—	0.169 4**	0.221 4**
				(0.071)	(0.092)
时间固定效应	控制	控制	控制	控制	控制
城市固定效应	控制	控制	控制	控制	控制
其他控制变量	控制	控制	控制	控制	控制
常数项	3.413 4***	3.556 6***	3.361 2***	3.908 3***	3.873 5***
	(0.540)	(0.547)	(0.538)	(0.564)	(0.571)
样本数/个	750	750	750	750	750
拟合优度	0.992	0.992	0.992	0.992	0.992
城市数量/个	274	274	274	274	274

注：括号中为稳健标准误。*** 表示 $p<0.01$，** 表示 $p<0.05$，* 表示 $p<0.1$。

同样，更换空间结构的测度指标，即用 MADC 替代 MWI 测度集中度，用 GINI 替代 DELTA 重新进行模型估计（表 5-6 仅展示了本书关注的核心变量结果，其他控制变量同基准回归模型，下同）。与基准回归基本保持一致，即集中的城市空间结构会增加政府成本，但不受规模的调节作用。模型 4 和模型 5 与基准回归相比，集聚度在平均意义上对政府成本的影响不显著，但规模对其的调节作用仍然在 10% 的水平上显著存在，即小城市集聚减少成本，大城市集聚增加成本。

表 5-6 稳健检验三：更换空间结构的测度

因变量：ln(政府支出占GDP的比重)	FE模型1	FE模型2	FE模型3	FE模型4	FE模型5
市辖区个数	0.004 2***	0.004 1***	0.004 3***	0.004 2***	0.004 1***
	(0.001)	(0.001)	(0.001)	(0.001)	(0.001)
市辖区个数平方	0.255 3***	0.255 6***	0.256 6***	0.255 8***	0.254 4***
	(0.060)	(0.060)	(0.060)	(0.060)	(0.060)
集中度 ln(MADC)	0.221 4***	−0.042 1	—	—	0.595 2
	(0.069)	(0.443)	—	—	(0.660)
ln(人口规模)×集中度 ln(MADC)	—	0.060 2	—	—	−0.101 3
	—	(0.105)	—	—	(0.160)
集聚度 ln(GINI)	—	—	0.136 4***	−0.434 6	−0.676 8
	—	—	(0.051)	(0.309)	(0.417)
ln(人口规模)×集聚度 ln(GINI)	—	—	—	0.130 1*	0.170 5*
	—	—	—	(0.069)	(0.098)
时间固定效应	控制	控制	控制	控制	控制
城市固定效应	控制	控制	控制	控制	控制
其他控制变量	控制	控制	控制	控制	控制
常数项	3.303 9***	3.490 4***	3.376 7***	3.802 6***	3.547 3***
	(0.539)	(0.613)	(0.536)	(0.581)	(0.620)
样本数/个	750	750	750	750	750
拟合优度	0.945	0.945	0.944	0.945	0.945
城市数量/个	274	274	274	274	274

注：括号中为稳健标准误。*** 表示 $p<0.01$，** 表示 $p<0.05$，* 表示 $p<0.1$。

5.3.3 结果讨论

本章主要研究空间结构对政府支出规模的影响，以及人口规模变化对该效应的条件作用。实证结果发现，集中和集聚由于拥堵效应都容易造成政府支出规模的上升。从人口规模的条件作用来看，在大城市，去中心化作为多中心空间结构的维度之一，对政府支出规模并没有显著的影响；另一个维度集聚对政府支出规模的作用受到城市规模的调节，城市越大，分散式的空间结构由于减少了公共物品的拥堵效应越有利于政府成本的降低，与以往的相关研究结论一致（Holcombe et al.，2008；常晨等，2017）。

1) 讨论一：城市规模对空间结构政府成本的条件门槛值

结合表 5-7 和前图 5-3 可知，集聚度对政府成本的影响系数为 $\delta_{\ln(DELTA)} = 0.2214 \times \ln(POP) - 0.8402$，令 $\delta_{\ln(DELTA)} = 0$，可得 $POP \approx 44.48$ 万人[在前图 5-3 中，斜线与 X 轴的交点处，即 $\ln(POP) = 3.79$ 时达到转折点]，即当城市人口小于 44.48 万人时，城市集聚度的增加会减少政府支出比重，但当人口规模变大到超过这一门槛值（公共物品的拥挤点）时，集聚增加将带来政府成本的上升。这一人口规模并不大，2013 年有 90% 的城市市辖区人口超过这个门槛值，这意味着城市在较小的规模发展阶段，高密度区域的集聚都会因为集聚不经济带来政府成本的增加。

表 5-7 城市规模对空间结构政府成本的条件门槛值

分类	前表 5-2 FE 模型 5
$\beta_{\ln(DELTA)}$	−0.8402
$\beta_{\ln(POP) \times \ln(DELTA)}$	0.2214
集聚指数的经济收益由负变正的人口规模门槛值/万人	44.48

2) 讨论二：空间结构对政府成本影响的经济显著性

本书选取 2013 年市辖区人口规模数量在 20 万人、50 万人、100 万人、500 万人、1 000 万人左右的五个城市作为案例（分别是嘉峪关市、随州市、渭南市、武汉市、天津市），分析集聚指数对政府支出规模影响的经济意义。通过计算在这些规模条件下变化 1% 的集聚指数，得到政府财政支出比重的变化以及通过乘以实际 GDP 获得政府财政支出变化的绝对量。从表 5-8 可以看到，不同规模的城市变化相同单位的集聚程度所带来的政府支出比重变化不同。在小城市（如 20 万人口的嘉峪关市），增加城市空间结构的集聚程度能够减少政府支出比重，如增加 1% 的集聚程度，嘉峪关市能减少 0.18 个百分点的政府支出比重，即 0.03 亿元的政府开支。而与此情况完全相反的是，在相对较大的城市（人口在 50 万人以上），随着城市人口规模的扩大，增加城市的集聚程度会带来政府成本的上升，且城市规模越大，这种成本的上升加速效应越明显。同样增加 1% 的城市集聚程度，50 万人口的随州市，政府成本增加 0.01 亿元，然而在将近 1 000 万人口的天津市，增加 1% 的城市集聚程度所带来的政府支出的增加将达到 8.77 亿元。每增加 1 标准差的集聚指数，情况也类似。

表 5-8 不同规模条件下空间结构对政府成本影响的经济显著性

人口规模数量级/万人	20	50	100	500	1 000
代表性城市	嘉峪关	随州	渭南	武汉	天津
实际规模/万人	20	50	99	513	822
实际政府支出/亿元	19.22	41.37	36.58	915.26	1 357.87
实际政府支出占 GDP 的比重/%	8.50	13.46	13.36	12.60	10.33

续表5-8

人口规模数量级/万人	20	50	100	500	1 000
集聚度增加1%政府支出比重的变化/%	−0.18	0.03	0.18	0.54	0.64
集聚度增加1%政府支出的变化/亿元	−0.03	0.01	0.06	4.96	8.77
集聚度增加1标准差政府支出比重的变化/%	−1.95	0.29	1.95	5.96	7.10
集聚度增加1标准差政府支出的变化/亿元	−0.37	0.12	0.71	54.51	96.46

3) 讨论三：空间结构对分类别政府成本影响的异质性

进一步分析空间结构对于不同的政府支出的影响程度，如表5-9所示。本书从《中国城市建设统计年鉴》中收集2008年和2013年两年数据（该年鉴从2006年开始编制，因此缺少2004年的数据）。选择城市市政公用设施建设固定资产投资额作为各项市政支出的测度（具体分为供水、燃气、公共交通、道路桥梁、排水、污水处理、园林绿化、垃圾处理八项）。加入所有和基准回归一样的控制变量和时间城市双固定效应后，在不同规模等级的城市上做了异质性分析，回归结果发现，在大城市，多项市政设施的人均投资额随着集聚程度的提高而上升，尤其是道路桥梁、垃圾处理等与集聚不经济密切相关的投资支出。本书也在前表5-2 FE模型5的基础上，将因变量替换为各项人均市政府支出规模，用交互项的方法同样发现人口规模越大的城市，集聚的空间结构带来污水处理等市政投资成本的上升。

5.4 本章结论与政策启示

本章从集中、集聚两个维度来探究城市空间结构与政府支出规模之间的关系。回归结果稳健地显示集中的城市政府成本较高，但是人口规模对此的调节作用并不显著；而集聚维度的结果显示，在平均意义上城市越集聚政府成本越高，但其边际作用受到城市规模的调节，在小城市，集聚发展更容易充分利用规模经济来提高政府服务的共享率从而节约政府成本，随着城市规模的扩大，集聚带来的负外部性超过正外部性，拥挤效应所带来的城市病的增加使得政府成本随之上升。

此外，由于本章讨论的是政府成本，政府的政治结构也是影响支出的重要指标，因此加入辖区数据作为政府碎化的测度。与集中学派和多中心学派不同的是，本书发现，市辖区的数目和政府支出之间存在一个U形的关系，即过多或者过少的辖区数目都会导致政府成本的上升。这表明政府之间的竞争存在一个适度的规模，竞争不足或者过度竞争都容易扩大城市政府支出规模。

表 5-9 异质性讨论：大城市集聚度对不同市政投资的影响

因变量:ln(人均市政政府支出规模)	FE 模型 1	FE 模型 2	FE 模型 3	FE 模型 4	FE 模型 5	FE 模型 6	FE 模型 7	FE 模型 8
	供水	燃气	公共交通	道路桥梁	排水	污水处理	园林绿化	垃圾处理
A 组：50 万人以上								
集聚度 ln(DELTA)	0.845 7	−4.093 2	9.717 4	2.159 1	−0.893 0	−4.109 5	3.499 8	−9.254 1
	(3.190)	(3.509)	(25.817)	(3.710)	(4.040)	(5.508)	(3.148)	(8.889)
B 组：100 万人以上								
集聚度 ln(DELTA)	0.824 6	−8.308 9	11.778 7	2.129 8	−4.198 5	7.344 6	5.075 4	−3.499 4
	(4.950)	(6.794)	(26.761)	(6.551)	(6.069)	(7.466)	(6.794)	(10.196)
C 组：150 万人以上								
集聚度 ln(DELTA)	−5.853 0	−5.948 3	10.926 0	13.335 4*	3.746 2	3.824 4	−6.501 1	10.974 1
	(5.474)	(10.185)	(24.622)	(6.802)	(7.748)	(7.489)	(9.056)	(9.460)
D 组：200 万人以上								
集聚度 ln(DELTA)	−11.352 1	4.601 2	14.007 7	15.591 6**	−5.849 2	9.841 2	−9.121 7	25.843 9**
	(8.139)	(8.289)	(26.940)	(7.190)	(7.110)	(8.451)	(13.212)	(10.257)
时间固定效应	控制	控制	控制	控制	控制	控制	控制	控制
城市固定效应	控制	控制	控制	控制	控制	控制	控制	控制
其他控制变量	控制	控制	控制	控制	控制	控制	控制	控制

注：括号中为稳健标准误。*** 表示 $p<0.01$，** 表示 $p<0.05$，* 表示 $p<0.1$。

在空间战略的实施过程中，政府是重要的行为主体。从节约政府支出规模的角度来考虑，无论是蔓延模式还是精明增长都不具有普适性，在忽略城市规模的前提下，盲目倡导任何一种模式都不理性。小城市需要尽可能利用仅有的规模经济来发展集聚的空间结构模式，提高公共物品的使用效率；而大城市的规模已超过公共物品的拥挤点，继续紧凑发展容易带来交通拥堵、环境污染等城市问题。多中心空间结构作为去中心化后再集聚的空间模式，其中一条集聚路径受到规模的条件作用得到证实，多中心在大城市并不一定节约政府成本。但是，需要承认的是，政府并不是完全的"经济人"，一方面，政府提供的公共物品多数是为了社会福利，节约自身成本并不是政府行为的出发点；另一方面，政府的很多投资行为，比如新城新区的建设，其效果反馈具有长期性，因此其成本理应被分担到更长的时间窗口进行考虑。

注释

① 自1997年起，各大城市通过频繁地调整行政区划的手段使城市更加适应城镇化进程。2008年中央政府对地方政府撤县设区的行为叫停，而2009年后行政区划调整重新出现并进一步增加（罗震东等，2015）。

6 多中心空间结构的个人成本

6.1 引言

城市规模扩大所带来的集聚不经济成本除了由政府承担之外,还有一部分由城市居民所承担,比如房价过高、交通拥堵和环境恶化等问题带来的集聚不经济成本,居民所承担的城市规模成本主要体现为大城市居民生活成本的提高。早期很多研究发现生活成本随着城市规模的上升快速增长(Thomas,1980;Henderson,2002a)。有研究发现美国和拉美国家大城市的生活成本往往是小城市的两倍多(Henderson,2002b)。

和政府成本的情况相似,对房价过高、交通拥堵和环境恶化等问题所带来的城市集聚不经济由个人负担的部分,同样缺乏系统的研究(Duranton,2008)。在很多已有研究中,城市的生活成本因素没能得到应有的重视,其原因在于一般模型都假设完全竞争和充分就业、完善的市场机制。在完全竞争和充分就业的假定下,工人有能力和企业就工资问题进行协商;在完善的市场机制下,工人几乎可以无成本地迁移并选择在不同城市就业。基于这两大假设,集聚经济和集聚不经济的作用机制是统一的,因为工人可以通过索取更高的名义工资来补偿上升的生活成本,从而将个人成本转移为厂商的投资成本。但是,现实环境尤其是市场机制尚不健全的中国情境较远地偏离了经济学的理论假设,在厂商享受大城市所带来的高收益的同时,由工人所承担的集聚不经济成本不容忽视。

图 6-1 利用个人消费支出占劳均 GDP 的比重近似作为城市居民生活成本的测度,发现该比重的对数和人口规模的对数之间呈现微弱的 U 形关系。这两者之间的 U 形关系在以往的理论(Henderson,1974;巴顿,1984)和实证(王小鲁等,1999)中都已经得到过认可。

在规划实践领域,空间结构优化的出发点常常是为了缓解大城市所带来的城市居民生活质量下降问题。多中心城市空间战略,如历史上的花园城市运动、光明城市、有机疏散理论等空间战略,都发端于缓解大城市和特大城市中的集聚不经济,尤其是工业革命后西方城市出现的拥挤、污染、疫病流行等问题。然而空间结构对个人承担城市成本的作用在学术领域中并没有充分的研究成果。

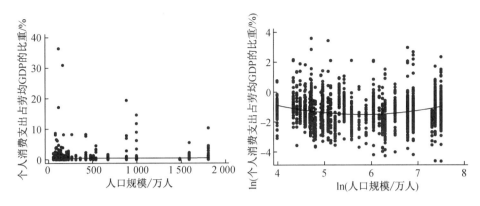

图 6-1 人口规模和个人消费支出比重之间的关系

注:左图为两者绝对数值的关系;右图为两者的对数关系。数据基于本书的实证部分,具体见第 6.3 节数据说明。

本章从个人分担的集聚不经济成本角度出发,研究城市空间结构对于个人所负担成本的影响,重点关注城市规模在其中所起到的条件作用。研究发现,在规模较大的城市,多中心空间结构的个人成本较低,并且规模越小的城市,其单中心空间结构的个人成本越低。

本章余下部分结构如下:第 6.2 节从实证角度综述了两种思路下的个人成本核算方法,重点关注空间结构对个人消费成本的影响及人口规模对其存在的条件作用;第 6.3 节给出了模型设定、数据和变量的描述说明,介绍了本章的基准回归结果和稳健检验,同时对结果进行了讨论;第 6.4 节是本章的结论和政策启示。

6.2 相关研究和文献

6.2.1 空间结构对个人成本的影响

在以往城市集聚经济和不经济的实证研究中,涉及个人所承担的负外部性的核算思路一般分为以下两种:

第一类文献将居民消费总支出作为居民的生活成本。这类研究通常基于剩余函数法。"剩余"的概念理论上起源于藤田昌久(Fujita,1989),他将一个城市的剩余定义为生产函数和人口成本函数的差值。在这类研究中,居民的消费支出被作为一个整体成本进行核算,用于与集聚经济的平衡求得两者相差的净收益结果(王小鲁等,1999;Zheng,2007)。居民负担城市集聚不经济的成本部分主要包含两个方面:一方面,整体物价水平上升,人口集聚推动了土地成本的上升,从而带来了住房成本的上升,而土地成本的上升也必然带来更高的零售成本和消费品成本的上升(Thomas,1980;Duranton,2008);另一方面,生活质量的下降增加了额外的消费支出,包括交通拥堵、环境污染等生活质量的下降所带来的额外的交通与医疗支出。在实证过程中,王小鲁等(1999)利用居民最终消费总支出占 GDP 的比重作为个人负担成本的测度,得到个人成本和城市规模的正 U 形关系。国内后续出现的很多关于最优规模的研究都延续了这一框架(如刘冰,2007;陈伟民等,2000)。郑小平(Zheng,2007)利用东京大都市家庭生活月支出总量/家庭人口数×城市规模人口进行城市个体居民成本的核算,并对成本与生产收益求差值为藤田昌久(Fujita,1989)的剩余理论提供了实证证据。

另一类文献分别研究各项具体的生活成本。通勤、住房是生活成本最重要的部分(Duranton,2008)。人口规模的扩大,通常都会带来更远的通勤距离和更加拥堵的道路(Gordon et al.,1989a;Lee et al.,2009;Sun et al.,2016);人口增长也会提高土地成本,从而造成住房成本的上升(Combes et al.,2012)。同样,人口规模较大的地区,通常空气污染更加严重(Bechle et al.,2011),从而可能会带来更多的个体医疗成本。和直接研究某些支出异曲同工的是,有一类文献采用核算不同类别的成本价值作为实际工资的平减指数来获得城市真实工资,常见的有空气质量(Cropper et al.,1980)、通勤成本(Au et al.,2006;Desmet et al.,2013)、土地租金或者房价(Henderson,2002b;周阳,2012;Desmet et al.,2013)、日常消费支出(Yezer et al.,1978;周阳,2012)等。

两种核算生活成本的方法各有优劣。整体消费支出作为成本核算的方法能够考虑到地价上涨以及整体消费品物价上升所带来的支出增长负担,因此相对更加完整。但这一核算方法的成本概念是一个泛化的概念,其隐含着一个核心的假设,即认为所有的个人消费支出(包括休闲娱乐)都是劳动力为了更好地创造生产价值所付出的成本。但不得不承认,随着城市的发展,有一部分消费支出提高了居民的幸福感和心理上的满足感,尽管不能货币化,但本质上属于城市给居民带来的福利,不应包含在生活成本中。而基于分类别的生活成本核算尽管没有包含物价上涨的部分,但针对性更强也更直接。因此,本书拟同时采用这两种核算方法作为基准模型对多中心空间结构的个人成本进行估计。

空间结构对个体成本的影响研究成果非常有限。由于缺乏整体估计的研究成果,本章从最常用的住房价格、交通成本、污染成本三个不同的成本角度出发,综述空间结构和个人成本之间的关系。

(1)对于住房价格梯度和空间结构的研究,最初起源于经典城市单中心空间结构 AMM 模型,该模型认为远离主中心意味着通勤成本上升、住房成本下降。随着城市空间结构的演化,单中心的空间结构模式越来越脱离现实。贝里(Berry,1976)发现房价和到主中心的距离成正比,也有很多学者发现这两者并没有明显的关联性(Kain et al.,1970;Lapham,1971;Thaler,1978)。大量研究在计算土地价格梯度时同时考虑了次中心或其他中心(Heikkila et al.,1989;McDonald et al.,1990;McMillen et al.,1998),并证明了多中心假设下住房价格梯度渐趋平缓(Sivitanidou,1996,

1997;于璐等,2008)。

(2) 空间结构对交通成本的研究结论并不统一,尤其在多中心空间结构的视角下。在 AMM 模型中,假定城市就业岗位都集中在主中心,所有人都向主中心通勤,因此随着到主中心距离的增加,个人通勤成本增加(Alonso,1964;Muth,1969;Mills,1972)。有研究采用模型数据,再通过模拟提出就业去中心化会减少平均通勤距离(Anas et al.,2007)。高密度集聚维度的空间结构研究比较丰富,多数研究认为高密度发展有利于减少通勤成本(Muniz et al.,2005;Ewing et al.,2008;Zhao,2013)。在多中心维度上的结论不一,戈登等(Gordon et al.,1985)提出多中心的就业结构有利于减少主中心通勤距离和拥堵,从而减少通勤时间,并在后期得到了大量实证研究的支持(Cervero et al.,1997;Sultana,2002;Ma et al.,2007;孙斌栋等,2013);然而也有学者提出质疑,认为多中心反而带来了更大的通勤需求(Cervero et al.,1998;Aguilera,2005)。

(3) 个人对于空气污染成本的承担主要体现在疾病所带来的医疗费用支出的增加,城市空间结构已被证明会影响身体健康(Evans,2003)。大量研究关注城市空间结构、环境和健康之间的关系,且通常都基于空气污染对疾病的影响研究的推断(通常是心血管和呼吸道疾病)。从已有的实证来看,目前有很多文章开始关注各个维度的城市形态或建成环境等对城市环境的影响,如密度(Stone et al.,2007)、紧凑或集聚(陆铭等,2014;Mansfield et al.,2015)、蔓延(Bereitschaft et al.,2013)、多中心(Burgalassi et al.,2015;She et al.,2017;Sat,2018)等。不同研究之间的结果尚未统一,目前所得到的一致结论仅为城市结构在环境保护上起着不可或缺的作用(Clark et al.,2011;Hankey et al.,2017)。

理论上,城市空间结构对个人成本的影响基于不同城市规模应该不同。藤田昌久等(2005)通过数值模拟的方法发现,随着城市规模的扩大,实际工资会降低,城市地租会随着上升。如果城市经济体勉强维持单中心的体系,则实际工资会下降得更多,实际总地租会上升得更快,且城市规模越大,多中心和单中心空间结构之间的差异越大。新经济地理学中假设实际工资本质上是名义工资扣除交通运输成本(制造品的冰山成本)等因素后的城市居民效用;地租成本的提高会带来房价的上升(Combes et al.,2012),同时会使零售成本和消费品成本上升(Thomas,1980)。因此,空间结构对个体居民成本(交通成本和地价成本)的影响在不同规模的城市可能存在异质性。

但这方面的实证研究缺乏,已有研究通常只关注大城市案例,得到的结论较为片面。比如通过北京和洛杉矶这些大城市的案例研究发现,城市次中心的存在降低了城市中心的吸引力,使得相应区域内的住房价格梯度减缓(于璐等,2008;Sivitanidou,1996)。同样,也有研究将大城市作为研究样本来估计城市空间结构对环境污染成本的影响,研究发现低密度或者蔓延通常不利于空气质量的提高(Chen et al., 2011; Bereitschaft et al., 2013; Wang et al., 2019),而多中心的空间结构有利于空气质量的提高(She et al., 2017)。

在交通成本的研究上,部分研究暗示了空间结构对规模扩张所带来的交通拥堵可能具有调节作用。戈登等(Gordon et al., 1989b)提出较大的城市规模往往意味着较长的平均出行时间,甚至在多中心城市也是这样。唯一的例外情况是,如果有一个临界城市规模使得城市从单中心向多中心转变,在这个转变点上,出行时间可能大幅下降。戈登等(Gordon et al., 1989a, 1989b)通过对比美国前几名的最大城市区域,排除其他竞争性假设,认为大城市中就业和居民的分散化等空间结构因素显著缓解了交通拥堵,使更短的出行成为可能,这可以作为解释城市规模扩张对拥堵作用不明显的原因。同样,阿纳斯(Anas, 2015)利用芝加哥都市区的数据发现,随着城市规模的扩张,个人的通勤时间却相对稳定,排除其他影响因素后,认为芝加哥就业多中心的发展使得通勤时间保持在一个相对稳定的水平上。

6.2.2 已有实证文献不足和理论假说

基于以上文献综述,将已有成果可能存在的不足概括为以下几个方面:

(1) 关于多中心空间结构对个人承担成本部分的影响缺乏多维视角。由于多中心空间结构是一个去中心化后再集聚的过程,这两个过程的效应不同,前者减弱了集聚不经济,而后者可能重新加强了集聚不经济。因此,多中心空间结构在向心力和离心力的作用下对住房价格、交通拥堵、环境污染等个人成本的影响可能是两个相反路径的整合,所以有必要将这两者效果进行区分研究。

(2) 探讨多中心空间结构和个人成本之间关系的实证研究不充分,尤其缺乏与整体收益可比的成本核算。城市空间结构的净收益应该来自收益和成本的权衡,仅关注如交通成本、污染成本、医疗成本等单方面的成本不利于将空间结构所带来的个人成本进行整体的核算,也不利于为空间经济最基础的平衡补充来自集聚不经济一侧的实证证据。此外,在城市规模收益—成本的整体研究中,除了郑小平(Zheng, 2007)利用家庭生活月支出总量/家庭人口数×城市规模人口进行城市个体居民成本的核算,已有基于整体成本的核算研究多基于城市层面的集成数据,缺乏个体层面的控制变量,不利于对个体成本进行更为准确的估计。

(3) 城市规模对多中心空间结构个人成本的条件作用的实证研究滞后于理论。藤田昌久等(2005)的理论模型表明城市规模水平对城市空间结构的成本有着重要的影响。不同规模的城市其发展阶段不同,其集聚经济和集聚不经济的平衡也不同。已有的研究成果通常基于大城市的片面样本,得到某种类型的空间结构有利于减少集聚成本,但由于模型外部有效性的局限使其结论无法普适于所有规模的城市。在这种条件下,盲目推进某种空间结构的战略具备一定的风险。

基于以上不足,本章拟采用中国综合社会调查(Chinese General Social Survey,CGSS)的个体抽样调查数据,从集中度和集聚度两个空间结构维度对个人整体和分类别成本的影响进行了测度,重点关注城市规模在其中起到的条件作用。本章的基本假说有以下两种:

假说一:城市多中心空间结构和个人消费成本之间存在密切联系。城市规模扩大所带来的一部分负外部性由城市居民个体承担,而城市空间结构对这种负外部性存在一定的调节作用。

假说二:从不同类别的支出来看,大城市多中心的空间结构更有利于减少支出,可能的路径是多中心有利于降低城市住房价格成本、减少交通支出或通过减少污染来降低个人的医疗支出。

6.3 实证分析结果

6.3.1 模型设定、数据和变量说明

在因变量的选择上,为了保证研究的稳健性,本书同时采用以往文献中两种思路的个人成本核算方法,分别估计了空间结构对个人整体成本和分项成本的影响。本书借鉴王小鲁等(1999)和郑小平(Zheng,2007)构建的居民外部成本核算模型,以居民消费占 GDP 的比重来表示居民所负担的城市外部成本。与王小鲁等文章所采用的城市集成数据不同,本书居民消费的部分数据采用 CGSS 2010 年个体消费数据①。该问卷调查包括居民 2009 年食品支出、服装支出、居住支出(房屋维修、水电、煤气等)、购房建房租房支出、耐用品消费品支出、日用消费品支出、交通通信支出、文化休闲娱乐支出、子女教育支出、成人教育培训支出、个人自付医疗支出、非个人自付医疗支出、人情送礼支出、赡养及赠予支出、家庭经营费用支出、购买生产资料支出共计 16 项支出费用,也适用于住房、交通、医疗等分项支出的核算(这些分项支出仅在 CGSS 2010 年问卷中被涉及)。本书采用的是个体样本,GDP 总量部分用劳均 GDP 代替(也便于和第 4 章经济收益、第 5 章政府成本部分统一)。个体支出模型因变量的描述性统计表格如表 6-1 所示。

表 6-1 个体支出模型因变量的描述性统计

变量含义	样本数/个	均值	标准差	最小值	最大值
ln(个人消费支出/劳均 GDP)	1 468	−1.270	0.980	−4.260	3.590
ln(交通通信支出/劳均 GDP)	1 379	−4.330	1.210	−10.450	0.010

续表 6-1

变量含义	样本数/个	均值	标准差	最小值	最大值
ln[(个人自付医疗支出+非个人自付医疗支出)/劳均GDP]	1 165	−4.510	1.420	−8.590	0.200
ln(购房建房租房支出/劳均GDP)	428	−2.950	1.860	−7.600	3.220

注：表中涉及样本已剔除问题回答中所出现的"拒绝回答""不知道""不适用"样本。因不同问题的响应人数不同，故样本量不同。

在王小鲁等(1999)和郑小平(Zheng,2007)研究城市规模 $\ln(POP)$ 对个人成本的影响的基础上，本书不仅加入了城市空间结构 $\ln(STU)$ 这一核心变量，用于研究不同城市空间结构作用下个体消费成本 $\ln c$ 的差异，同时为了保证模型估计的无偏性和稳健性，又加入了其他影响个体消费成本的因素 $\sum_{j=1}^{n}\rho_{j}\ln X_{j}$（$j$ 为其中某个控制变量；n 为其他控制变量的总个数），如个体基本属性特征、个体消费习惯、家庭属性特征，模型中的 α、β、γ、δ、ε 分别为不同变量的回归系数；ϵ 代表模型的随机误差项。由于本模型涉及个体和城市两个层面的控制变量，因此在进行模型估计时，采用了城市聚类标准误，并控制了各个省份的固定效应 θ_{province} 以控制省份异质性，具体模型如式(6.1)所示。控制变量的描述性结果见表6-2。

$$\ln c = \alpha \ln(POP) + \beta [\ln(POP)]^2 + \sum_{j=1}^{n} \gamma_j \ln X_j + \delta \ln(STU) + \varepsilon \ln(STU) \times \ln(POP) + \theta_{\text{province}} + \epsilon \quad (6.1)$$

表 6-2 个体支出模型控制变量的描述性统计

分类	变量	含义及其赋值	样本数/个	均值	标准差	最小值	最大值
个人	ln(个人收入)	ln(个人全年的总收入)	1 468	10.070	0.960	5.700	14.850
	性别	女性=0,男性=1	1 468	0.560	0.500	0.000	1.000
	受教育年限	没有受过任何教育=1,小学、私塾=6,初中=9,职业高中、高中和中专=12,大学及以上=16	1 468	12.280	3.620	1.000	16.000
	年龄	被调查时的年龄	1 468	40.730	11.240	18.000	85.000
家庭	ln(家庭收入)	ln(全年家庭总收入)	1 468	10.740	0.900	7.700	14.850
	婚姻状态	未婚、丧偶、分居未离异和离异=0,已婚、同居=1	1 468	0.810	0.390	0.000	1.000
	子女个数	孩子个数	1 468	1.030	0.720	0.000	6.000

续表 6-2

分类	变量	含义及其赋值	样本数/个	均值	标准差	最小值	最大值
消费习惯	储蓄倾向	有了多余的钱,我首先考虑存起来:完全不同意=1,比较不同意=2,无所谓同意不同意=3,比较同意=4,完全同意=5	1 468	3.840	1.120	1.000	5.000
	透支消费倾向	花明天的钱,圆今天的梦,透支消费很正常:完全不同意=1,比较不同意=2,无所谓同意不同意=3,比较同意=4,完全同意=5	1 468	2.180	1.170	1.000	5.000
城市	ln(城市规模)	ln(2008年城市常住人口规模)	33	5.460	0.960	3.990	7.500
	ln(MWI)	2008年集中度指数1	33	0.480	0.110	0.250	0.680
	ln(MADC)	2008年集中度指数2	33	0.590	0.050	0.480	0.680
	ln(DELTA)	2008年集聚度指数1	33	0.500	0.060	0.370	0.600
	ln(GINI)	2008年集聚度指数2	33	0.570	0.050	0.470	0.650

注:表中涉及样本已剔除问题回答中所出现的"拒绝回答""不知道""不适用"样本。

CGSS 问卷基于分层抽样,2010 年共抽样了 89 个城市。由于本书仅在市辖区范围内研究城市的空间结构对个体消费支出的影响,因此最后使用的 1 468 个个体所在的城市样本数是 33 个,具体分布见附录4。

图 6-2 统计了这 33 个城市样本的人口规模分布情况,除了右侧厚尾分布以外整体上和全国城市规模分布比较接近,这是由于 CGSS 在抽样过程中通过因子分析评估后确定了上海、北京、广州、深圳、天津这五个大城市进入必选层。为了保证回归结果的可靠性,本书在后续研究中剔除了上述五个大城市的回归结果。

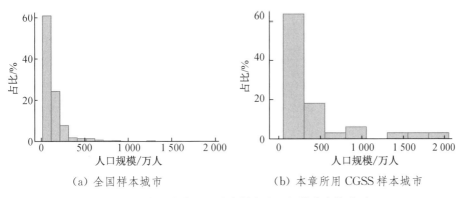

图 6-2 全国城市和本章所用城市样本人口规模分布情况对比

6.3.2 估计结果

1) 基准回归

整体成本的核算思路通常采用居民个人所有支出项目的加总作为个人成本总量的测度(王小鲁等,1999;Zheng,2007)。本书利用CGSS中的居民支出数据,在控制了个体基本属性、个体消费习惯以及家庭属性的变量后,回归估计结果如表6-3所示。模型1和模型3单独加入集中度和集聚度的变量;模型2和模型4分别加入人口规模与这两个维度空间结构的交互项;在模型5中,同时加入了人口规模和两个维度空间结构的交互项。本书以模型5为基准模型来证明本章的核心假设,即空间结构和城市规模之间存在交互作用,共同对个体消费成本产生影响。根据式(6.1),空间结构对个人消费支出的影响系数为$\delta+\varepsilon\ln(POP)$,集中度对个人消费支出的影响系数为$-13.1940+2.2475\times\ln(POP)$,即随着人口规模的增加,集中度和个人支出的关系由负变为正,小城市集中有利于减少个人消费支出,大城市去中心化有利于减少个人消费支出,可能的原因是小城市充分利用集中结构的规模经济可以享受成本的降低,而大城市所拥有的集聚不经济在去中心化的城市空间结构下得到了疏解。相反,集聚度对个人消费支出的影响系数为$20.0653-3.9238\times\ln(POP)$,即在控制了集中度的情况下,规模较小的城市,再集聚会带来更多的居民消费支出,而规模较大的城市,再集聚会降低居民的消费支出,可能的一个解释是,一部分消费服务需要规模经济才能支撑,因此在规模较小的城市,外围的集聚可能带来这类消费项目从无到有,增加居民消费的多样性,从而产生了更多的居民消费支出;而在规模较大的城市,整体的消费比较多样化,集聚的空间结构使得某些项目的成本有更多的人分担,从而降低了居民消费支出的规模。

表6-3 思路一:居民整体支出核算基准回归结果

因变量	ln(个人消费支出占劳均GDP的比重)	OLS模型1	OLS模型2	OLS模型3	OLS模型4	OLS模型5
城市	ln(人口规模)	-2.2542***	-2.5385	-1.8474**	-0.7437	-2.2740
		(0.602)	(1.834)	(0.727)	(1.957)	(2.340)
	ln(人口规模)的平方	0.1863***	0.2044	0.1518**	0.1018	0.2703*
		(0.054)	(0.122)	(0.067)	(0.113)	(0.136)
	集中度 ln(MWI)	-1.2841**	-2.2438	—	—	-13.1940**
		(0.476)	(5.863)			(5.090)
	人口规模(ln)× 集中度 ln(MWI)	—	0.1845	—	—	2.2475*
		—	(1.070)	—	—	(1.120)
		—	—	-1.7062**	4.1861	20.0653**

续表 6-3

因变量		ln(个人消费支出占劳均GDP的比重)	OLS模型1	OLS模型2	OLS模型3	OLS模型4	OLS模型5
城市		集聚度 ln(DELTA)	—	—	−1.706 2**	4.186 1	20.065 3**
			—	—	(0.824)	(8.947)	(9.700)
		ln(人口规模)×集聚度 ln(DELTA)	—	—	—	−1.113 6	−3.923 8**
			—	—	—	(1.641)	(1.622)
家庭		ln(全年家庭总收入)	0.608 3***	0.608 3***	0.610 6***	0.611 3***	0.609 7***
			(0.050)	(0.050)	(0.050)	(0.050)	(0.050)
		已婚	0.076 6	0.075 9	0.076 9	0.077 7	0.070 8
			(0.062)	(0.062)	(0.062)	(0.062)	(0.061)
		子女个数	0.103 8***	0.103 6***	0.104 6***	0.105 9***	0.104 8***
			(0.030)	(0.030)	(0.030)	(0.030)	(0.030)
个人基本属性		ln(全年的总收入)	0.071 5	0.071 6	0.069 2	0.069 7	0.074 7
			(0.060)	(0.060)	(0.060)	(0.059)	(0.060)
		男性	−0.041 2	−0.041 5	−0.038 6	−0.038 0	−0.043 1
			(0.055)	(0.056)	(0.055)	(0.055)	(0.056)
		受教育年限	0.025 3***	0.025 4***	0.025 0***	0.025 0***	0.026 5***
			(0.007)	(0.007)	(0.007)	(0.007)	(0.007)
		年龄	0.005 6	0.005 7	0.005 1	0.004 6	0.006 4
			(0.011)	(0.011)	(0.011)	(0.011)	(0.011)
		年龄的平方	−0.000 1	−0.000 1	−0.000 1	−0.000 1	−0.000 1
			(0.000)	(0.000)	(0.000)	(0.000)	(0.000)
个体消费习惯	有了多余的钱，我首先考虑存起来（以完全不同意为参照）	比较不同意	−0.092 8	−0.092 4	−0.096 4	−0.098 4	−0.092 7
			(0.119)	(0.119)	(0.118)	(0.118)	(0.120)
		无所谓同意不同意	−0.288 8**	−0.288 9**	−0.292 4**	−0.292 2**	−0.288 3**
			(0.117)	(0.117)	(0.117)	(0.117)	(0.118)
		比较同意	−0.223 6*	−0.224 4**	−0.225 6**	−0.224 1**	−0.223 6*
			(0.110)	(0.110)	(0.109)	(0.109)	(0.110)
		完全同意	−0.166 4*	−0.167 2*	−0.168 2*	−0.166 7*	−0.167 3*
			(0.091)	(0.090)	(0.090)	(0.090)	(0.091)
	透支消费很正常（以完全不同意为参照）	比较不同意	−0.052 8	−0.053 2	−0.054 8	−0.053 1	−0.048 2
			(0.043)	(0.043)	(0.043)	(0.043)	(0.043)
		无所谓同意不同意	−0.141 3***	−0.141 2***	−0.141 4***	−0.142 6***	−0.141 5***
			(0.051)	(0.051)	(0.051)	(0.051)	(0.051)
		比较同意	−0.004 4	−0.004 4	−0.006 7	−0.005 9	0.002 7
			(0.059)	(0.059)	(0.060)	(0.061)	(0.060)
		完全同意	0.127 0	0.127 6	0.129 5	0.125 0	0.118 6
			(0.096)	(0.095)	(0.095)	(0.094)	(0.095)

续表 6-3

因变量	ln(个人消费支出占劳均GDP的比重)	OLS模型1	OLS模型2	OLS模型3	OLS模型4	OLS模型5
	省份	控制	控制	控制	控制	控制
	常数项	−1.549 1	−0.618 3	−2.417 3	−6.766 7	−3.932 8
		(1.649)	(6.178)	(1.944)	(7.222)	(8.793)
	样本量/个	1 468	1 468	1 468	1 468	1 468
	拟合优度	0.543	0.543	0.543	0.544	0.546

注：括号内为城市的聚类标准误。*** 表示 $p<0.01$，** 表示 $p<0.05$，* 表示 $p<0.1$。OLS 即普通最小二乘法。

个体和家庭属性的变量回归结果基本符合现实。受教育水平越高，消费水平越高。而家庭的总收入对个体消费支出具有显著的正向影响，且其效应明显大于个人总收入。家庭中子女个数对个体消费成本也具有积极的促进作用。此外，具有储蓄倾向的个体消费支出较低，而具有透支消费和投资意愿的个体消费支出可能更高（尽管不显著，但估计系数为正符合预期）。

图 6-3 绘制了空间结构对个体消费成本的作用系数随着城市人口规模变化而变化的结果，其中横坐标为 ln(人口规模)，纵坐标为空间结构对个人消费支出的影响系数，即 $\delta+\varepsilon\ln(POP)$。总体而言，规模较小的城市，集中度对个人消费支出具有负影响，即集中会减少个人消费支出，而集聚度对个人消费具有正影响，即集聚会增加个人消费支出，因此小城市发展集中和分散的模式（单中心空间结构）个人消费成本更低；相反在规模较大的城市，集中度对个人消费支出的影响为正，集聚度对个人消费支出的影响为负，即大城市适宜发展去中心化和集聚的空间结构（多中心空间结构）。

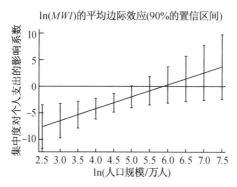
(a) 集中度对个人支出的影响系数变化

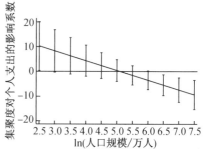
(b) 集聚度对个人支出的影响系数变化

图 6-3 不同人口规模下城市空间结构对个人支出的影响系数变化分析

人口规模的扩大意味着更大的需求，从而导致物价升高，而物价升高带来的成本通常也由居民承担。在表 6-3 的基础上，表 6-4 进一步检验空间结构对物价成本的影响。本书采用以往研究中常用的《中国区域经济统计年鉴》中的公式——商品房销售额/商品房销售面积,求得单位面积的商品房价格,构造了2009年中国地级市层面的房价指数,作为城市整体价格水平的代理变量。这一做法的合理性是因为以往研究中一般假设居住成本是造成地区间生活成本差异的唯一因素,其他生活成本和居住成本高度相关,即地租成本的提高会带来零售成本和消费品成本的上升(Thomas,1980),因此可以用住房价格差异来体现整体物价水平。或者直接假定其他生活成本在城市之间没有显著的差异,认为城市间的运输成本几乎为零,可贸易商品的价格相等,进而将生活成本差异归结为住房成本差异(Henderson,1982;Li et al.,2014)。此外巨大的土地需求和稀缺的土地资源综合作用带来的城市地价的上升,通常被认为是推动城市向多中心转型的重要力量之一(Krugman,1996;Fujita et al.,1997),因此房价水平是和城市规模及空间结构最为相关的个人成本部分。

本书将表6-3基准回归的因变量分别改为平减房价因素后的消费支出(模型1)、住房价格指数(模型2)进行了进一步的回归。表6-4结果显示,从居民消费指数中扣除住房价格成本以后,模型1的中空间结构对居民消费支出的影响不再显著,这表明空间结构对居民成本的影响在很大程度上是因为住房价格以及随之而来的物价上升。此外,模型2进一步将住房价格指数作为因变量,得到空间结构及其与规模的交互项,与表6-3中的模型5保持一致,即在规模较小的城市,发展集中和分散的空间结构(单中心)有利于住房价格的降低,而在规模较大的城市,去中心化和集聚的空间结构(多中心)会降低住房价格。这一结论验证了在藤田昌久等(2005)的模型理论中,规模越大的城市其单中心和多中心之间地价的差异越大的模拟结果。

表6-4 住房价格效应的检验

模型类别	OLS 模型 1	OLS 模型 2
因变量	ln(个人消费支出占劳均GDP的比重/住房价格指数)	住房价格指数
ln(人口规模)	−2.549 9	0.275 9
	(1.744)	(1.097)
ln(人口规模)的平方	0.226 9*	0.043 3
	(0.112)	(0.070)
集中度 ln(MWI)	−1.221 3	−11.972 6***
	(4.884)	(2.004)
ln(人口规模)×集中度 ln(MWI)	0.040 6	2.206 9***
	(0.984)	(0.427)

续表 6-4

模型类别	OLS 模型 1	OLS 模型 2
集聚度 ln(DELTA)	4.871 3	15.194 1***
	(7.957)	(3.690)
ln(人口规模)×集聚度 ln(DELTA)	−1.123 1	−2.800 7***
	(1.447)	(0.571)
个体 & 家庭	控制	控制
省份	控制	控制
其他变量	控制	控制
常数项	−4.835 4	0.902 6
	(6.278)	(4.052)
样本量/个	1 468	1 468
拟合优度	0.664	0.993

注：括号内为城市的聚类标准误。*** 表示 $p<0.01$，** 表示 $p<0.05$，* $p<0.1$。

第二种居民消费成本核算的思路是针对性地考察几类和集聚不经济密切相关的居民成本，文献中主要讨论了交通拥堵、污染、地价上涨等。尽管这一核算方法并不能完全代表个人负担的城市外部性成本，但相对于前一种更为直接，可以作为城市规模和城市空间结构所带来的具体成本的近似检验。表 6-5 中分别检验了空间结构对交通通信支出、医疗支出（个人支付＋非个人支付）、购房建房租房支出占劳均产出比重的影响。结果表明，交通通信成本仅在集中维度上显著，即小城市集中化的空间结构其交通通信成本更低，而大城市去中心化分布的空间结构能节约交通通信成本。这可能的原因是，小城市的重要功能都集中在城市中心区域，更有利于交通组织；而大城市若继续维持单中心模式，易造成主中心拥堵，从而带来交通通信成本的上升。

表 6-5　思路二：交通通信、医疗、购买建房租房成本分析基准回归结果

模型类别	OLS 模型 1	OLS 模型 2	OLS 模型 3
因变量	交通通信支出占比	医疗支出占比	购房建房租房支出占比
ln(人口规模)	−6.450 3**	2.128 7	−1.889 1
	(2.405)	(2.684)	(8.121)
ln(人口规模)的平方	0.554 5***	0.022 7	0.340 8
	(0.154)	(0.186)	(0.650)

续表 6-5

模型类别	OLS 模型 1	OLS 模型 2	OLS 模型 3
集中度 ln(MWI)	−15.808 8**	−16.722 0**	−43.864 4**
	(6.988)	(7.390)	(21.206)
ln(人口规模)×集中度 ln(MWI)	2.548 8*	2.922 0*	9.090 5**
	(1.426)	(1.496)	(4.101)
集聚度 ln(DELTA)	11.597 6	39.344 1***	58.929 5**
	(11.599)	(9.947)	(27.032)
ln(人口规模)×集聚度 ln(DELTA)	−2.036 3	−7.995 1***	−11.603 8**
	(2.162)	(1.885)	(4.638)
个体 & 家庭	控制	控制	控制
省份	控制	控制	控制
其他变量	控制	控制	控制
常数项	6.067 8	−15.549 6*	−14.532 2
	(8.560)	(8.932)	(25.174)
样本量/个	1 379	1 165	428
拟合优度	0.443	0.217	0.389

注：括号内为城市的聚类标准误。*** 表示 $p<0.01$，** 表示 $p<0.05$，* 表示 $p<0.1$。

此外，实证结果还发现，多中心空间结构的大城市其医疗费用更低，而小规模的城市，单中心更有利于节约医疗成本，原因可能是空间结构的优化有利于控制环境污染，从而降低对个体健康的影响，进而减少医疗支出。大城市的重点在于处理人口过载所带来的污染源问题，多中心分布使得污染源相对分散，因此更有利于污染的自然消散和净化，同时次中心的集聚也有利于污染的统一处理；小城市规模较小，其单中心发展更有利于利用规模经济进行污染规模化处理或者推行集约型的清洁交通。

购房建房租房成本的结果进一步支持了第一种核算思路中住房价格指数（见前表 6-4 模型 2）的结果，大城市发展多中心其个人住房成本较低，小城市发展单中心其住房成本较低。基于城市经济学理论，地价和通勤成本是相互补偿的关系。在大城市，次中心功能较强，居民使用较少的通勤成本到达次中心就能满足日常工作和消费，因此多中心能降低城市平均地价水平。小城市由于多数次中心的自主能力并不强，仍然需要向主中心通勤，地价在很大程度上还是由到主中心的距离决定，多中心空间结构并不能降低平均地价，反而可能因为分散的中心使得土地开发缺乏规模效应而导致地价成本上升。

2) 稳健检验

表 6-6 采用 ln(MADC) 和 ln(GINI) 作为集中、集聚的另一种测度,对第一种整体成本核算的思路进行稳健性检验。模型 1 的因变量是 ln(个人消费总支出占劳均 GDP 的比重),模型 2 的因变量为住房价格指数,模型 3 的因变量为 ln(经过住房价格平减后的个人成本),即 ln(个人消费支出占劳均 GDP 的比重/住房价格指数)。从回归结果来看,基准模型得出的结论得到了稳健性证明,大城市去中心化和集聚(多中心)的空间结构模式更有利于个人消费成本的减少,小城市集中和分散(单中心)的空间结构模式让个人消费成本更少。但是这种效应更多是因为住房价格随着城市规模和空间结构的相应变化所带来的,当个人支出经过住房价格平减后,空间结构对个人支出的作用便不再显著(模型 3)。

表 6-6 整体成本的稳健检验一:更换空间结构的测度

模型类别	OLS 模型 1	OLS 模型 2	OLS 模型 3
因变量	ln(个人消费总支出占劳均 GDP 的比重)	住房价格指数	ln(个人消费支出占劳均 GDP 的比重/住房价格指数)
ln(人口规模)	−3.985 0	−0.324 5	−3.660 5
	(3.190)	(1.384)	(2.265)
ln(人口规模)的平方	0.346 1***	0.050 8	0.295 3***
	(0.126)	(0.076)	(0.103)
集中度 ln(MADC)	−27.172 7**	−16.399 7**	−10.773 0
	(13.013)	(6.192)	(9.346)
ln(人口规模)×集中度 ln(MADC)	4.992 5*	2.989 9**	2.002 6
	(2.794)	(1.311)	(1.963)
集聚度 ln(GINI)	24.239 6**	15.629 4***	8.610 2
	(11.270)	(5.061)	(9.753)
ln(人口规模)×集聚度 ln(GINI)	−5.039 0**	−2.770 4***	−2.268 7
	(2.004)	(1.004)	(1.806)
个体 & 家庭	控制	控制	控制
省份	控制	控制	控制
其他变量	控制	控制	控制
常数项	3.677 4	3.707 0	−0.029 7
	(13.499)	(5.570)	(9.381)

续表 6-6

模型类别	OLS 模型 1	OLS 模型 2	OLS 模型 3
因变量	ln(个人消费总支出占劳均 GDP 的比重)	住房价格指数	ln(个人消费支出占劳均 GDP 的比重/住房价格指数)
样本量/个	1 468	1 468	1 468
拟合优度	0.546	0.993	0.665

注:括号内为城市的聚类标准误。*** 表示 $p<0.01$,** 表示 $p<0.05$,* 表示 $p<0.1$。

通过第 6.3 节的数据说明发现本书所选取的 CGSS 城市样本具有右侧厚尾特征,大城市样本较多,这是由 CGSS 抽样必选层的五个人口规模较大的城市——上海、北京、广州、深圳、天津所带来的。因此,为了保证城市规模样本分布的合理性和结果的稳健性,本书剔除了这五个大城市,重新进行了成本比重、住房价格指数、经过住房价格平减后的成本比重回归,同样用不同的空间结构测度方法进行了稳健性检验,结果与基准回归结果保持一致(表 6-7)。

进一步地放宽假设,将人口规模设置为非参数的形式,其他变量保持线性形式,利用罗宾逊差分估计量(Robinson Difference Estimator)对该半参数回归模型进行检验,模型如下:

$$\ln c = g(\ln U) + x_i\beta + \theta_{\text{province}} + \varepsilon_i \tag{6.2}$$

其中,$g(\ln U)$ 为与 $\ln U$ 相关的未知函数(不确定其函数形式);U 为人口规模;设定其他变量 $x_i\beta$ 为 x_i 的线性函数形式(β 是 x_i 的系数);θ_{province} 为省份的固定效应;ε_i 代表模型的随机误差项。

回归得到的结果如表 6-8 所示,模型 1 和模型 2 采用 $\ln(MWI)$ 和 $\ln(DELTA)$ 空间结构测度,而模型 3 和模型 4 换为 $\ln(MADC)$ 和 $\ln(GINI)$ 作为稳健检验。结果发现空间结构及空间结构与规模的交互项结果与基准模型基本保持一致。

非参数模型人口规模和居民支出的核回归图见图 6-4。在控制了其他变量后,人口规模的函数形式呈递增形态,与基准回归中人口规模平方呈正显著的加速递增结果基本保持一致,即证明基准模型中假设规模二次函数形式是合理的。

同理,对不同类别的成本模型也进行了相应的稳健性检验,结果与基准回归结果基本保持一致(少数不一致的变量也接近显著)。表 6-9 是基于前表 6-5 更换空间结构指标以后的稳健结果。表 6-10 为剔除五个大城市样本以后的回归结果。表 6-11 为设定规模非参数形式的半参数回归结果。

表 6-7 整体成本的稳健检验二:剔除五个大城市

空间结构指数	MWI & DELTA				MADC & GINI	
模型类别	OLS 模型 1	OLS 模型 2	OLS 模型 3	OLS 模型 4	OLS 模型 5	OLS 模型 6
因变量	ln(个人消费总支出占GDP的比重)	住房价格指数	ln(个人消费支出占劳均GDP/住房价格指数)	ln(个人消费总支出占劳均GDP的比重)	住房价格指数	ln(个人消费支出占劳均GDP/住房价格指数)
ln(人口规模)	−2.421 5	0.289 1	−2.710 6	−4.254 8	−0.319 5	−3.935 4*
	(2.350)	(1.091)	(1.759)	(3.199)	(1.374)	(2.303)
ln(人口规模)的平方	0.286 5**	0.042 5	0.243 9**	0.365 9***	0.050 5	0.315 4***
	(0.136)	(0.069)	(0.113)	(0.126)	(0.075)	(0.104)
集中度	−13.728 3**	−11.926 9***	−1.801 4	−28.427 2**	−16.420 0**	−12.007 2
	(5.184)	(1.992)	(4.999)	(13.063)	(6.163)	(9.522)
人口规模×集中度	2.333 3**	2.199 2***	0.134 1	5.246 1*	2.997 8**	2.248 2
	(1.136)	(0.425)	(1.004)	(2.790)	(1.302)	(1.995)
集聚度	20.862 4**	15.202 6***	5.659 8	24.978 1**	15.678 0***	9.300 1
	(9.671)	(3.684)	(7.965)	(11.427)	(5.071)	(9.873)
人口规模×集聚度	−4.048 1**	−2.802 9***	−1.245 2	−5.186 2**	−2.782 0***	−2.404 2
	(1.611)	(0.570)	(1.445)	(2.024)	(1.003)	(1.831)

续表 6-7

空间结构指数	MWI & DELTA			MADC & GINI		
模型类别	OLS 模型 1	OLS 模型 2	OLS 模型 3	OLS 模型 4	OLS 模型 5	OLS 模型 6
因变量	ln(个人消费总支出占GDP的比重)	住房价格指数	ln(个人消费支出占GDP的比重/住房价格指数)	ln(个人消费总支出占劳均GDP的比重)	住房价格指数	ln(个人消费支出占GDP的比重/住房价格指数)
个体 & 家庭	控制	控制	控制	控制	控制	控制
省份	控制	控制	控制	控制	控制	控制
其他变量	控制	控制	控制	控制	控制	控制
常数项	−3.243 8	0.545 3	−3.789 1	5.257 2	3.227 9	2.029 3
	(9.407)	(4.320)	(6.687)	(14.124)	(5.827)	(9.886)
样本量/个	935	935	935	935	935	935
拟合优度	0.602	0.982	0.688	0.602	0.981	0.689

注:括号内为城市的聚类标准误。*** 表示 $p<0.01$,** 表示 $p<0.05$,* 表示 $p<0.1$。

表 6-8 整体成本的稳健检验三:将规模的形式设为半参数

空间结构指数	MWI & DELTA		MADC & GINI	
模型类别	SemiPar 模型 1	SemiPar 模型 2	SemiPar 模型 3	SemiPar 模型 4
因变量	ln(个人消费总支出占劳均GDP的比重)	住房价格指数	ln(个人消费总支出占劳均GDP的比重)	住房价格指数
集中度	−15.655 7*	−11.844 0***	−27.565 6	−26.257 3***
	(7.644)	(2.591)	(16.755)	(4.969)
人口规模×集中度	24.083 3**	8.676 1**	29.225 5*	12.200 7**
	(11.201)	(4.187)	(14.447)	(4.592)
集聚度	2.873 4*	2.418 3***	4.969 5	4.957 4***
	(1.561)	(0.536)	(3.411)	(1.054)
人口规模×集聚度	−4.629 9**	−1.865 1**	−5.136 3*	−2.067 6**
	(2.205)	(0.852)	(2.896)	(0.990)
个体 & 家庭	控制	控制	控制	控制
省份	控制	控制	控制	控制
其他变量	控制	控制	控制	控制
样本量/个	935	935	935	935
拟合优度	0.579	0.975	0.579	0.980

注:括号内为城市的聚类标准误。*** 表示 $p<0.01$,** 表示 $p<0.05$,* 表示 $p<0.1$。SemiPar 模型(Semi-Parametric Model)为半参数模型。

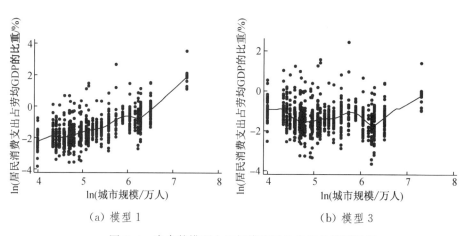

(a) 模型 1　　　　　(b) 模型 3

图 6-4 半参数模型人口规模和居民支出的核回归图

表 6-9 分类成本稳健检验一:更换空间结构测度

模型类别	OLS 模型 1	OLS 模型 2	OLS 模型 3
因变量	交通通信支出占比	医疗支出占比	购房建房租房支出占比
ln(人口规模)	−9.249 3**	−0.544 3	−10.923 8
	(3.466)	(3.646)	(9.286)
ln(人口规模)的平方	0.586 5***	0.146 3	0.518 3
	(0.151)	(0.182)	(0.581)
集中度 ln(MADC)	−33.795 9**	−31.705 6*	−94.239 5**
	(16.362)	(17.505)	(35.060)
ln(人口规模)×集中度 ln(MADC)	6.359 7*	6.406 4*	20.971 1***
	(3.430)	(3.690)	(6.998)
集聚度 ln(GINI)	5.902 3	37.808 9***	49.269 3*
	(15.439)	(12.323)	(26.146)
ln(人口规模)×集聚度 ln(GINI)	−1.753 6	−8.586 3***	−11.585 1**
	(2.855)	(2.364)	(4.649)
个体 & 家庭	控制	控制	控制
省份	控制	控制	控制
其他变量	控制	控制	控制
常数项	21.228 9	−4.005 0	26.157 8
	(14.360)	(14.217)	(35.450)
样本量/个	1 379	1 165	428
拟合优度	0.443	0.217	0.390

注:括号内为城市的聚类标准误。*** 表示 $p<0.01$,** 表示 $p<0.05$,* 表示 $p<0.1$。

6.3.3 结果讨论

1) 讨论一:城市规模对空间结构个人成本的条件门槛值

以基准回归中前表 6-3 的模型 5 为基础,结合基准回归部分的图 6-5,在交互项的模型中,令空间结构对个人成本的影响为零 $[\beta_{\ln(STU)} + \beta_{\ln(STU)\times\ln(POP)} \times \ln(POP) = 0]$,可以计算获得集中、集聚对经济收益改变作用方向的人口规模门槛值,即多中心空间结构效应变化的规模临界值

表 6-10 分类成本稳健性检验二：剔除五个大城市样本

空间结构指数	MWI & DELTA			MADC & GINI		
因变量	交通通信支出占比	医疗支出占比	购房建房租房支出占比	交通通信支出占比	医疗支出占比	购房建房租房支出占比
模型类别	OLS 模型 1	OLS 模型 2	OLS 模型 3	OLS 模型 1	OLS 模型 2	OLS 模型 3
集中度	−16.311 3**	−16.873 9**	−47.449 9**	−35.928 5**	−31.063 0*	−109.430 5**
	(6.993)	(7.922)	(22.619)	(15.747)	(18.168)	(39.576)
人口规模×集中度	2.697 6*	2.930 8*	10.135 4**	6.878 8**	6.310 8	24.255 4***
	(1.418)	(1.583)	(4.465)	(3.285)	(3.807)	(8.050)
集聚度	10.954 9	40.561 8***	52.184 7	5.542 9	37.855 6***	51.187 3
	(11.411)	(10.158)	(31.174)	(15.074)	(12.622)	(32.211)
人口规模×集聚度	−1.998 2	−8.150 9***	−10.682 8*	−1.775 2	−8.566 5***	−12.074 1**
	(2.132)	(1.924)	(5.234)	(2.788)	(2.415)	(5.677)
个体 & 家庭	控制	控制	控制	控制	控制	控制
省份	控制	控制	控制	控制	控制	控制
其他变量	控制	控制	控制	控制	控制	控制
常数项	7.643 1	−13.801 2	−3.523 6	24.283 8*	−4.360 2	41.761 5
	(8.596)	(8.819)	(29.612)	(14.263)	(15.166)	(40.862)
样本量/个	878	756	239	878	756	239
拟合优度	0.500	0.202	0.434	0.500	0.201	0.436

注：括号内为城市的聚类标准误。*** 表示 $p<0.01$，** 表示 $p<0.05$，* 表示 $p<0.1$。

表 6-11 分类成本稳健检验三：将规模设置为半参数形式

空间结构指数	MWI & DELTA			MADC & GINI		
因变量	交通通信支出占比	医疗支出占比	购房建房租房支出占比	交通通信支出占比	医疗支出占比	购房建房租房支出占比
集中度	−20.420 1**	−32.297 7***	−59.032 6***	−37.337 8*	−56.641 5**	−125.876 0***
	(8.628)	(9.520)	(18.812)	(18.827)	(23.205)	(38.141)
人口规模×集中度	11.456 7	41.103 0***	30.108 7	6.714 4	46.502 6**	48.233 7
	(11.560)	(11.943)	(23.972)	(16.933)	(18.246)	(35.383)
集聚度	3.808 7**	5.636 5***	10.952 9***	7.180 1*	10.149 6**	23.071 6***
	(1.664)	(1.847)	(3.333)	(3.628)	(4.345)	(6.735)
人口规模×集聚度	−1.878 4	−7.692 8***	−5.152 1	−1.123 4	−9.493 0**	−8.524 4
	(2.356)	(2.394)	(4.542)	(3.475)	(3.737)	(6.849)
个体 & 家庭	控制	控制	控制	控制	控制	控制
省份	控制	控制	控制	控制	控制	控制
其他变量	控制	控制	控制	控制	控制	控制
样本量/个	878	756	239	878	756	239
拟合优度	0.464	0.176	0.447	0.464	0.174	0.447

注：括号内为城市的聚类标准误。*** 表示 $p<0.01$，** 表示 $p<0.05$，* 表示 $p<0.1$。

(表 6-12)。由计算结果可知,单中心的城市空间结构(集中+分散)对于人口小于 166 万人的小城市更有收益。多中心的空间结构(去中心化+集聚)更适宜人口在 355 万人以上的大城市。尽管获得了具体的门槛值,但这两个门槛值只有理论意义,并没有实际含义,用来表明在规模更大的城市,发展多中心才有利于个人支出规模的减少;在规模较小的城市,单中心的发展模式更有利于节约个人支出。

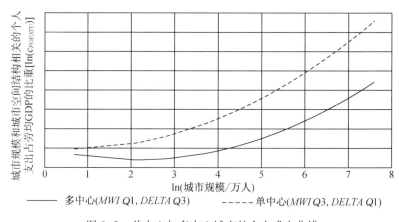

图 6-5 单中心与多中心城市的个人成本曲线

表 6-12 城市规模对空间结构个人成本的条件门槛值

分类	前表 6-3 模型 5
$\beta_{\ln(MWI)}$	−13.194
$\beta_{\ln(POP)\times\ln(MWI)}$	2.247
集中指数的经济收益由负变正的人口规模门槛值/万人	355
$\beta_{\ln(DELTA)}$	20.065
$\beta_{\ln(POP)\times\ln(DELTA)}$	−3.924
集聚指数的经济收益由正变负的人口规模门槛值/万人	166

2)讨论二:城市空间结构对理论城市最优规模点的调节作用

城市规模对个体消费支出存在非线性的影响,即随着城市规模的扩大,个体消费成本先减少后增加。在已有最优规模理论的基础上,认为城市的空间结构对理论最优规模存在调节作用,即不同空间结构的城市,其使得个体成本最小化的适宜城市规模也不相同。为了探究该假设,以基准回归中前表 6-3 的模型 5 的结果为基准,其中和城市规模及空间结构相关的部分是

$$\begin{aligned}\ln(c_{POP,STU}) &= \beta_1 \times [\ln(POP)]^2 + [\beta_2 + \beta_3 \times \ln(MWI) + \beta_4 \times \\ &\quad \ln(DELTA)] \times \ln(POP) \\ &= 0.27 \times [\ln(POP)]^2 + [2.25 \times \ln(MWI) - 3.92 \times \\ &\quad \ln(DELTA)] \times \ln(POP)\end{aligned} \quad (6.3)$$

当城市规模 $\ln(POP) = [-2.25 \times \ln(MWI) + 3.92 \times \ln(DELTA)]/(2 \times 0.27)$ 时，个体成本达到最小值，即个体成本最小的最优规模解和空间结构密切相关。集中度越小，集聚度越高，最优规模值越大，因此从模型结果来看，基于个体成本最小化的前提，多中心城市的最优规模值要大于单中心城市。

为了更好地展示结果，和第4章经济收益部分一样，本书假想了两个经典城市：城市1是相对多中心的城市（去中心化+集聚结构，集中度指数位于全部集中度的1/4分位点，即 MWI Q1，集聚度位于全部集聚度的3/4分位点，即 DELTA Q3）；城市2是相对单中心的城市（中心化+分散结构，集中度指数位于全部集中度的3/4分位点，即 MWI Q3，集聚度位于全部集聚度的1/4分位点，即 DELTA Q1）。将空间结构指数代入式(6.2)，可以得到城市规模对个人成本的影响曲线如图6-5所示。图6-5显示，多中心案例城市的个人成本小于单中心案例城市，随着城市规模的扩大，多中心空间结构节约个人成本的优势变得越来越明显。此外，在个人成本最低条件下，多中心城市的最优规模值也大于单中心城市。

3）讨论三：空间结构对个人成本影响的经济显著性

类似于经济收益和政府成本部分的经济显著性计算，表6-13基于CGSS所涉及的33个城市样本数据，选择2008年人口规模数量最接近50万人、100万人、500万人和1000万人的四个城市，即朝阳市、遵义市、沈阳市、天津市，发现变化1%的空间结构带来的个人成本变化约为年均几千到一万之间，即空间结构调整带来的个人成本变化数值在经济意义上具有显著性。随着城市的空间结构多中心化（MWI减少、DELTA增加），小城市个人消费支出增加，而大城市个人消费支出减少。此外，随着城市规模的扩大，多中心化带来的个人成本的节约效果愈加明显。

表6-13　不同规模条件下空间结构对个人支出影响的经济显著性

人口规模数量级/万人	50	100	500	1 000
代表性城市	朝阳	遵义	沈阳	天津
实际规模/万人	54.00	98.51	509.02	994.07
年人均消费支出/万元	4.43	5.07	4.52	9.72
集中度减少1%带来个人消费支出的变化/万元	0.44	0.31	−0.17	−0.40
集聚度增加1%带来个人消费支出的变化/万元	0.46	0.22	−0.94	−1.21
集中度减少1标准差带来个人消费支出的变化/万元	2.06	1.80	−0.40	−2.48
集聚度增加1标准差带来个人消费支出的变化/万元	1.17	0.70	−1.19	−4.09

6.4 本章结论与政策启示

本章将多中心空间结构分为集中和集聚两个维度,分析在不同城市规模条件下空间结构对个体消费成本的影响。利用 CGSS 个体社会抽样调查数据,结合 OLS 和半参数回归模型,发现城市规模对此存在明显的调节作用:大城市去中心化和集聚的空间结构有利于个体成本的降低,而小城市集中化和分散式的空间结构其个体成本更低,即从节约个体消费支出角度出发,大城市多中心空间结构更优,而小城市单中心空间结构更优。此外,结合理论最优规模值的讨论发现,在个人支出最小视角下,多中心城市空间结构有利于扩大城市最优规模,而单中心城市的最优规模较小。从不同成本的异质性角度来看,大城市的多中心政策有利于减少医疗支出和与住房相关的支出,可能的路径是大城市的多中心空间结构有利于减少空气污染、降低住房价格;另外,大城市去中心化的交通成本较低,而小城市集中发展有利于节约个人交通成本。

在实践过程中,城市政府通常倾向于做大城市规模,片面关注集聚经济带来的收益,而忽视了这一过程中居民需要承担的支出。多中心空间结构常常被当作解决大城市生活成本较高、生活质量下降问题的重要手段,本章从多中心空间结构个体成本核算的角度出发,为这一政策提供了学术背景支撑。本章的研究结果发现,从个人成本优化角度出发,在城市扩大规模的同时,应该注重城市空间结构的优化,尤其是混合了去中心化和再集聚过程的多中心空间结构并不适合所有阶段的城市。中国大量城市都提出要进行多中心空间结构、新城新区的建设,但是忽略城市本身规模的条件作用而盲目进行多中心空间结构的引导是不合理的,这种实践战略在节约个人支出的角度上同样无法得到支撑。

注释

① CGSS 是中国覆盖范围最广的微观调查数据库,调查了全国 31 个省、区、市样本的 12 000 户家庭。

7 多中心空间治理政策建议和研究展望

7.1 经济绩效综合分析

在归纳结论之前,首先在第4—6章基础上归纳出统筹考量收益—成本的综合经济绩效结果。由经济收益、政府成本和个人成本实证模型结果可得:

经济收益:$gdp_{STU} = 1-1/\exp\{[\beta_{\ln(STU)} + \beta_{\ln(STU)\times\ln(POP)} \times \ln(POP)] \times \ln(STU)\}$。

政府成本:$g_{STU} = [\beta'_{\ln(STU)} + \beta'_{\ln(STU)\times\ln(POP)} \times \ln(POP)] \times \ln(STU)$。

个人成本:$c_{STU} = [\beta''_{\ln(STU)} + \beta''_{\ln(STU)\times\ln(POP)} \times \ln(POP)] \times \ln(STU)$。

人口规模对空间结构的相对经济绩效函数存在明显的条件作用,在不同人口规模的前提下,有利于经济绩效提高(收益增加,成本降低)的空间结构模式不同,因此理论上存在让空间结构系数发生方向变化的规模门槛值(表7-1)。

表7-1 人口规模对空间结构经济绩效的条件门槛值

分类	经济收益	政府成本	个人成本
$\beta_{\ln(MWI)}$	1.346 5	—	−13.194 0
$\beta_{\ln(POP)\times\ln(MWI)}$	−0.332 2	—	2.247 0
随着人口规模增加系数的变化方向	正→负	—	负→正
$\ln(MWI)$系数变化规模门槛值/万人	58	—	355
$\beta_{\ln(DELTA)}$	−2.784 8	−0.840 2	20.065 0
$\beta_{\ln(POP)\times\ln(DELTA)}$	0.652 5	0.221 4	−3.924 0
随着人口规模增加系数的变化方向	负→正	负→正	正→负
$\ln(DELTA)$系数变化规模门槛值/万人	71	44	166

注:集中维度对政府支出的影响不显著。

根据表7-1的结果,将不同规模门槛区间条件下城市空间结构对经济绩效的关系表示在表7-2中。当人口规模小于58万人时(2013年共有72个城市,具体名单见附录5),集中和分散的空间结构带来收益—成本净绩效的增加,即小城市更适宜发展单中心空间结构模式。

表 7-2　经济收益—成本均衡视角下的规模门槛

人口规模/万人		<44	44—58	58—71	71—166	166—355	>355
集中	经济收益	+	+	−	−	−	−
	政府成本	0	0	0	0	0	0
	个人成本	−	−	−	−	−	+
	收益—成本	+	+	?	?	?	−
集聚	经济收益	−	−	−	+	+	+
	政府成本	−	+	+	+	+	+
	个人成本	+	+	+	+	+	+
	收益—成本				?	?	?
总体		单中心绩效好		?	?	?	取决于政府

注:"+""−"分别代表空间结构指数对收益—成本的系数正负;"0"代表空间结构指数对收益—成本函数的作用方向不显著;"?"代表空间结构净效用不确定。

当人口规模处于 58 万—355 万人时,经济收益和政府个人成本之间的权衡处于混沌状态,集中、集聚两个维度都难以得出统一的结论,适宜的城市空间结构随城市中各部门的利益权衡关系发生变化。

当人口规模大于 355 万人时(2013 年仅有 17 个城市,具体名单见附录 5),城市越去中心化,经济收益越高,而个人成本越低,因此可以明确去中心化的经济绩效越好,但是否城市越集聚、经济绩效越好要取决于政府成本的高低与经济收益和个人成本的权衡。也就是说,在大城市,多中心的城市空间结构有利于经济收益的增加,同时也有利于减少个人成本,因此单从经济收益和个人成本的差值来看,大城市多中心是更加适宜的空间结构。但对于政府来说,多中心的集聚过程会加重政府支出负担。从实践过程来讲,在中国城市空间结构转型的过程中,政府对于多中心的建设需要投入大量成本,从初期的土地开发、基础设施建设,到后期提供公共服务管理等都需要政府开支的支撑。

以上门槛分析基于理论分析框架,提供了一个值得警醒的事实,即理论上不同规模城市其空间结构的经济绩效理应不同。需要说明的是,具体数值并不具有实际意义,更有价值的是数值背后可能隐藏的城市空间结构运行规律。

7.2　研究结论

本书基于 2004 年、2008 年和 2013 年的全国经济普查企业微观数据,描述了中国都市区空间结构的基本情况。结合多中心空间结构是去中化后再集聚的过程,构造了集中—去中心化、集聚—分散两个维度的空间结构指数,评价随着城市规模的扩大,空间结构对城市的经济收益、政府成本和个人成本的作用是如何变化的。基于全书分析结果,得出以下几点主要结论:

(1)中国城市集中度较高,但整体空间结构已经不符合单中心模型规律。从中国城市空间结构的基础事实描述和与美国都市区空间结构的对比来看,中国就业集中在城市中心的程度要远远超过美国都市区,但单中心模型已不能解释大部分的中国城市空间结构了。2004年到2013年间,中国城市的集中度和集聚度都呈现了先加强后减弱的演化趋势。

(2)多中心空间结构是保持大城市经济收益继续增长的助推器。在不同城市规模下,适宜劳动生产率提高的空间结构模式不同。只有在城市规模较大的城市,多中心才有利于减少规模过大所带来的集聚不经济,同时在次中心通过互借规模来获得新的集聚经济,整体有利于城市收益的提高;而在规模较小的城市,多中心过程反而会损害城市本身就不够大的规模经济,此时单中心空间结构更加适合推动小城市的经济发展。

(3)优化空间结构有利于为大城市病的解决提供可行的方案。从平均意义上来看,就业集中和集聚都会提高城市的政府支出。在小城市,集聚发展更容易节约政府支出,随着城市规模的扩大,集聚负外部性快速上升,推动了政府所负担成本的上升。因而,分散的城市空间结构有利于减少大城市的政府开支。从个体消费成本角度出发,大城市去中心化和集聚结构的个人成本更低,而小城市集中和分散结构的个人成本更低,即大城市多中心的空间结构战略为节约个人所负担的城市病成本提供了一个可选择的方案。

(4)从整体收益—成本的经济绩效分析来看,在小城市更适宜发展单中心空间结构,大城市建设多中心是否能提高经济绩效取决于政府的行为。在规模较小的城市,集中的空间结构模式能带来更高的经济收益、更低的个人成本(政府成本不显著);此外小城市集聚的收益低而政府成本和个人成本都较高。因此在这个统一的框架中,可以得到小城市发展单中心空间结构模式其经济绩效更好的确切结论。然而,对于大城市来说,尽管从经济收益和个人成本层面分析,多中心的经济绩效更高,但是大城市集聚的空间结构需要更高的政府支出来支持。

因此,仅从政府节约成本的角度来讲,在大城市多中心的建设未必是一件好事。但是,首先政府并不是完全的"经济人",政府除了保障自身利益以外,更重要的任务是为所有的社会群体和阶层提供普遍的、公平的、高质量的公共服务;其次政府对多中心的建设尽管在当期需要大量的开支,但是多中心空间结构有利于增加城市经济收益、减少个人成本,政府的成本应该被视为一种长期的政府投资项目,成本将会在更加长远的时间窗口中得到均摊。此外,在中国"政治集权,财政分权"和"官员晋升锦标赛"的制度大背景下,地方政府官员可能会为了个人政绩表现,通过建设集聚区、开发区等空间集聚战略来寻求个人政治目标的实现,因此在一定程度上他们也会积极建设多中心项目而忽略政府支出的上升。

7.3 多中心空间治理战略建议

多中心空间结构在一定程度上为生产和生活提供了新的空间,是推动城市经济进一步发展的新动能,为解决大城市的城市病提供了可行的方案。但因多中心空间战略而出现的新问题,如盲目地跟风建设所带来的新城新区数量过多、空城鬼城、政府债务等问题也引起了学界、城市规划界和政策制定者的关注。本书对实践政策可能的启示如下:

(1) 多中心空间结构是我国大城市未来发展的战略方向。本书从收益和成本两个维度证实了多中心空间战略不仅有利于提高大城市的经济收益,而且有利于减少个人成本,既为未来空间结构规划提供了学术支撑,也为解决大城市的城市病问题提供了可行的方案。2011年我国城市人口占总人口的比重超过50%,开始迈向传统城镇化向新型城镇化转型的关键阶段。美国的都市区发展经验表明,随着都市区人口规模的扩大,在郊区化现象出现后,都市区去中心化后向多中心空间模式转型,并最终达到高水平的均衡状态。在兼顾中美差异的基础上,应适当借鉴美国都市区的发展经验,认清当前中国城市空间结构现状和所处的阶段,引导城市向更有效率的多中心空间模式转型。

(2) 多中心空间战略需充分考虑城市规模的发展阶段。本书的结论重点强调,并不是所有城市都适合发展多中心空间战略,盲目推进多中心建设存在风险。小城市无论从收益、成本还是均衡分析的角度来看,都更适宜发展单中心空间结构,以充分利用自身并不大的规模经济效应;大城市的多中心城市的经济收益与个人成本的剩余比单中心空间结构大,但政府在建设多中心时需要付出更多的成本。当前多中心的建设热潮与中国工业化、城镇化的进程密不可分,但从本书理论估算来看,人口规模较大的城市推行多中心空间战略才有利于经济收益和个人成本差值的最大化(2013年满足本书结论门槛的城市仅17个)。地方政府超越发展阶段推行多中心空间战略,不仅无法享受空间结构优化所带来的经济收益,而且会面临潜在的政府债务风险。

(3) 发挥政府在空间优化战略中的积极作用。首先,本书针对中国城市空间结构的基础事实描述结果发现,当前我国城市空间结构的集中度非常高,中心城区的吸引力仍然较大。地方政府对大主中心、多个次中心的偏好除了和我国城市的发展阶段相关,还受到具有中国特色的"政治集权,财政分权"以及"官员晋升锦标赛"特殊体制的影响。但基于本书的实证结论,大城市去中心化有利于提高经济收益、减少个人成本,因此地方政府需要合理控制大城市中心城的人口规模,协调中心城区和周边郊区的关系,将就业有机向外疏散。其次,本书针对收益—成本的整体均衡结果发现,政府在多中心建设过程中可能需要背负较大的成本。在现实中大量政府热衷于推行多中心空间战略甚至不惜因此背负高昂的地方债务风险。基于此，政府应该理性看待多中心空间战略，因地制宜才能有助于持续带动城市未来发展。最后，在政府成本的分析部分，针对政府碎化程度与政府成本的关系研究发现，政府之间的竞争存在一个适度的规模，过度的竞争会导致政府支出规模膨胀。因此，上级政府应该规范地方政府的行为并优化政绩考核标准，尽量减少地方政府之间的恶性竞争。

7.4 多中心空间治理研究展望

本书尚存在许多不足之处，需要未来进一步推进展开，具体表现为以下几点：

（1）完善政府成本及个人成本部分的核算方法。对于城市成本的核算相对比较困难，本书借鉴以往研究的做法，将城市财政支出总数占总产出的比重、个体消费支出占劳均产出的比重近似作为政府和个人所负担的成本（王小鲁等，1999；Zheng，2007），旨在提供城市空间结构成本核算的初步尝试。但需要承认的是，在严格意义上现实中有一部分的政府和个人支出不能被定义为城市的成本（尽管与城市规模和城市空间结构有关），比如政府为了追求本地更好的发展所进行的投资项目支出，个人为了提高生活品质所进行的休闲享乐消费等。在未来相关数据可得的基础上，应考虑将这部分支出从政府部门维持城市运行、个人保障基本生活的成本中剥离。

（2）补充基于空间正义诉求的城市空间结构优化研究。空间是社会实践的产物（Lefebvre，1991），社会关系和空间关系之间存在辩证交互作用（爱德华·W. 苏贾，2004）。城市的空间结构同样无法脱离社会生产关系而存在。在传统的城市研究理论中，芝加哥学派强调城市中心处于城市空间的支配地位，经济活动由中心向外扩张，伴随着富人区和贫民区的形成和居住分离；洛杉矶学派的空间思想基于城市多中心空间结构，认为随着生产关系的转变，传统工业区的减弱，许多竞争性分散中心在崛起（Scott et al.，1996），城市中心不再占据主导地位。早期霍华德的田园城市（Garden Cities）关于社会制度改革的宏大设想，后期城市增长管理（Urban Growth Management）、精明增长（Smart Growth）、紧凑城市（Compact Urban）等规划思想限制了城市蔓延对开放空间和外围农业用地的侵占，无论其最终的实践效果如何，它们的出发点都明显地体现了空间正义的思想。

本书为了实现城市多中心空间结构收益—成本的均衡核算，将所有空间结构的绩效都建立在货币化的层面上，缺乏对社会公平、社会融合等空间正义维度的考虑。单纯强调经济收益和成本，追逐经济利益，忽略城市空间中公民权利和社会正义，不利于城市更好地满足居民的基本需求，无法使得城市的空间生产和分配回归公益性和公共性。在未来城市多中心空间结构的研究中,应该加强对空间剥夺、空间隔离、空间不平衡发展、公共资源的空间分配不公等问题的关注。尤其是城市空间调整过程中是否会带来社会结构的调整,如不同收入群体的隔离,高低技能劳动力市场的两极分化,基础设施的公平性和可达性等都亟待关注。

(3) 补充基于空间行为视角的城市空间结构微观个体行为研究。诚然,集体的空间偏好和行为无疑都会直接影响城市整体的空间组织,但是不同的行动者对于空间结构的感知都是不同的(即使每个行动者的信息均充分),且个体层面的空间行为改变可以调节城市层面的空间结构变化(Horton et al.,1971)。空间行为方法论的主要特征为从强调形态转向强调过程,从过程视角寻求对特定空间行为发生的解释(Golledge,1997);从强调宏观整体到强调微观个体,认为个体不仅会对客观的空间进行回应,而且会基于主观认知决策行为对其进行重塑,因此个体行为和空间永远处于互动过程中(柴彦威等,2014)。在国内空间结构研究领域,已有学者开始尝试从行为空间的微观视角考察宏观城市空间结构的变化(沈洁等,2006;龙韬等,2006;周素红等,2006)。

本书主要是基于宏观层面的研究,第6章个人成本的实证尽管提供了一个基于微观视角的绩效评价尝试,但最终还是将个人成本和收益、政府成本进行了宏观分析。城市空间结构是由微观的企业、个体的决策所构成的,因此空间行为方法论为研究微观个体的行为对多中心空间结构的绩效影响提供了一个切入视角。具体而言,在多中心化的过程中,企业进入退出、移民自主选择等微观行为中不同属性个体收益—成本的博弈有助于进一步探究多中心空间结构的形成过程,以及对多中心空间结构经济绩效的机制做更深一步的探究。随着微观社会调查数据公开程度的提高,公交刷卡、手机信令等大数据技术的进步,个体空间行为微观视角的城市空间结构经济绩效研究成为可能。

(4) 补充基于空间干预政策的城市空间结构战略评估研究。对于区域发展政策如何干预经济活动发展,长期以来存在空间中性(Spatially Neutral)和空间干预(Spatially Targeted)的争论(Agnew,1984;Bolton,1992;Manille,2012)。空间中性政策认为不应该考虑空间因素,强调个人可以通过"用脚投票"来选择自身利益最大化的区位,这有利于总体经济增长,因此也被视为基于人员(People Based)的政策;空间干预政策认为集聚并非自然形成的,只有基于特定地方(Specific Place Based)的干预政策才能影响区域经济发展(Martin et al.,2011b;Hewings,2014)。城市多中心空间结构战略与政府的空间干预政策密不可分,在政府为缓解主中心拥堵效应而疏散主中心就业和人口,同时为城市外围次中心的集聚给予政策扶持等空间战略中,都能看到空间干预思想的影子。尤其在中国"政治集权,财政分权"和"官员晋升锦标赛"的制度环境影响下,城市政府通常选择基于本地的"为增长而规划"政策(Wu,2015)。但政府的干预政策评估在多中心空间结构的经济绩效评价研究中被长期忽视。相关的研究中已有基于不同地方的政府区域空间政策评价,如产业园区政策(Busso et al.,2013;Reynolds et al.,2014)、集群政策(Martin et al.,2011a;Brakman et al.,2013)、基础设施投资政策(Melo et al.,2013;Kline et al.,2014)等。

本书对于多中心空间结构的经济绩效的评价,主要是基于多中心空间结构形成以后这一既定形态的经济绩效评估,不区分是市场行为还是政府行为引导产生的多中心空间结构,因此忽视了政府政策选择在多中心空间结构形成过程中的作用。但是本书政府支出实证部分的结论——"大城市多中心空间结构是否具有整体经济绩效和政府成本有关",启示进一步思考多中心空间结构政策在整体收益—成本的均衡过程中是否是一个"零和均衡",即政府为建设多中心在短期、局部地区付出的高昂成本能否在更长的时间、更广的空间维度上得到分摊,还是仅仅是跨时间、跨空间的透支用于补贴特定时期、特定地区的经济发展?因此,当前基于地方的多中心空间引导战略,是否能在更长时期、更大的空间范围得到成本回收甚至获得更多的收益回报,值得进一步的政策评估检验。

附录

附录1

本附录根据前式(3.1)距离与密度的指数函数计算获得,列举了东部、中部、西部、东北部四个区域距离密度函数斜率最大和最小的城市(附表1-1)。斜率β绝对值越大,代表城市越集中。西部的呼和浩特、玉林和西宁以及东部的梅州、绍兴、德州等城市具有很强的集中度,与图3-9中几个异常值对应。

附表1-1 极端集中和去中心化的城市

分类	东部	斜率β	中部	斜率β
最集中的五个城市	梅州市	−0.352 5	安庆市	−0.263 0
	绍兴市	−0.318 8	九江市	−0.206 3
	德州市	−0.236 4	南昌市	−0.193 5
	厦门市	−0.153 9	晋中市	−0.185 6
	威海市	−0.149 1	太原市	−0.179 9
最去中心化的五个城市	茂名市	−0.006 3	鄂州市	0.001 3
	淄博市	−0.018 6	阜阳市	−0.007 5
	东莞市	−0.019 7	巢湖市	−0.019 5
	湖州市	−0.022 2	平顶山市	−0.026 6
	中山市	−0.026 8	宜春市	−0.030 7
分类	西部	斜率β	东北部	斜率β
最集中的五个城市	呼和浩特市	−0.441 6	盘锦市	−0.362 1
	玉林市	−0.389 1	鞍山市	−0.328 3
	西宁市	−0.371 5	丹东市	−0.200 7
	内江市	−0.149 5	锦州市	−0.176 2
	南充市	−0.146 1	抚顺市	−0.136 5
最去中心化的五个城市	钦州市	−0.004 4	营口市	0.019 2
	咸阳市	−0.006 3	哈尔滨市	−0.024 1
	六盘水市	−0.010 9	葫芦岛市	−0.042 4
	河池市	−0.012 9	长春市	−0.047 5
	重庆市	−0.013 0	大连市	−0.063 8

附录 2

本附录依据前表 3-3 的指数方法和前图 3-11 的分类方法计算后归类获得,具体而言,即利用集中和集聚指数的中位数作为标准,第一象限集中度和集聚度都较高(单中心紧凑),即集中+集聚;第二象限集中度较高、集聚度较低(单中心),即集中+分散;第三象限集中度和集聚度都较低(蔓延),即去中心化+分散;第四现象集中度较低、集聚度较高(多中心),即去中心化+集聚。附表 2-1 至附表 2-3 分别将 2004 年、2008 年和 2013 年中国所有城市分配到四个象限中。

附表 2-1　2004 年中国城市空间结构分类

第一象限:集中+集聚

安庆市、安顺市、白山市、百色市、保山市、本溪市、滨州市、长沙市、巢湖市、郴州市、达州市、丹东市、抚州市、汉中市、河池市、贺州市、吉安市、金华市、锦州市、晋中市、荆门市、九江市、酒泉市、克拉玛依市、昆明市、丽水市、聊城市、辽阳市、临沧市、六盘水市、龙岩市、娄底市、马鞍山市、茂名市、绵阳市、南充市、南京市、南平市、内江市、宁德市、盘锦市、平凉市、曲靖市、泉州市、日照市、三明市、汕头市、商丘市、泰州市、天水市、通化市、铜陵市、威海市、潍坊市、渭南市、梧州市、武汉市、西安市、咸宁市、咸阳市、湘潭市、忻州市、徐州市、雅安市、盐城市、阳江市、宜昌市、宜春市、银川市、榆林市、玉林市、漳州市、昭通市、郑州市、重庆市、资阳市、亳州市、泸州市

第二象限:集中+分散

安阳市、包头市、朝阳市、德阳市、德州市、阜新市、衡阳市、呼伦贝尔市、淮北市、淮南市、黄山市、嘉兴市、揭阳市、景德镇市、乐山市、六安市、陇南市、梅州市、南通市、萍乡市、平顶山市、随州市、泰安市、铁岭市、芜湖市、宣城市、阳泉市、益阳市、营口市、永州市、玉溪市、云浮市、运城市、肇庆市、自贡市

第三象限:去中心化+分散

巴中市、蚌埠市、宝鸡市、常州市、长春市、长治市、潮州市、池州市、崇左市、滁州市、大同市、定西市、东莞市、佛山市、福州市、抚顺市、阜阳市、广安市、广元市、广州市、桂林市、海口市、杭州市、合肥市、鹤壁市、呼和浩特市、湖州市、黄石市、惠州市、吉林市、江门市、焦作市、荆州市、开封市、来宾市、兰州市、连云港市、临沂市、柳州市、洛阳市、眉山市、南昌市、南宁市、南阳市、青岛市、清远市、汕尾市、商洛市、上海市、绍兴市、深圳市、十堰市、朔州市、苏州市、宿迁市、宿州市、台州市、太原市、唐山市、天津市、温州市、乌海市、无锡市、厦门市、孝感市、新乡市、新余市、扬州市、宜宾市、岳阳市、枣庄市、镇江市、中山市、珠海市、株洲市、淄博市、遵义市

第四象限:去中心化+集聚

鞍山市、安康市、白银市、北京市、常德市、成都市、赤峰市、大连市、东营市、鄂州市、防城港市、贵港市、贵阳市、哈尔滨市、葫芦岛市、淮安市、济南市、济宁市、莱芜市、宁波市、攀枝花市、莆田市、钦州市、韶关市、沈阳市、通辽市、铜川市、乌鲁木齐市、西宁市、襄樊市、信阳市、烟台市、湛江市、舟山市、衢州市

附表 2-2　2008 年中国城市空间结构分类

第一象限：集中＋集聚

安康市、安庆市、安顺市、巴中市、保山市、本溪市、滨州市、常德市、长春市、朝阳市、池州市、滁州市、达州市、丹东市、德阳市、东营市、防城港市、抚州市、广安市、广元市、海口市、汉中市、河池市、贺州市、吉安市、吉林市、金华市、锦州市、晋中市、荆门市、荆州市、景德镇市、九江市、酒泉市、昆明市、丽水市、聊城市、辽阳市、临沧市、六安市、龙岩市、陇南市、马鞍山市、茂名市、绵阳市、南充市、南宁市、南平市、内江市、宁德市、萍乡市、平顶山市、平凉市、曲靖市、泉州市、三明市、商洛市、绍兴市、朔州市、宿迁市、宿州市、泰安市、天水市、通辽市、铜陵市、威海市、渭南市、乌鲁木齐市、梧州市、咸宁市、孝感市、忻州市、信阳市、宣城市、雅安市、阳江市、宜昌市、宜春市、益阳市、玉林市、玉溪市、岳阳市、昭通市、资阳市、遵义市、衢州市、泸州市

第二象限：集中＋分散

安阳市、百色市、德州市、阜新市、衡阳市、淮北市、淮南市、娄底市、梅州市、商丘市、铁岭市、通化市、潍坊市、芜湖市、咸阳市、徐州市、阳泉市、永州市、榆林市、云浮市、运城市、漳州市、肇庆市、郑州市、亳州市

第三象限：去中心化＋分散

白山市、白银市、蚌埠市、包头市、宝鸡市、北京市、常州市、长治市、潮州市、成都市、崇左市、大连市、大同市、东莞市、佛山市、福州市、抚顺市、阜阳市、广州市、桂林市、贵阳市、哈尔滨市、杭州市、合肥市、鹤壁市、呼和浩特市、呼伦贝尔市、湖州市、黄石市、惠州市、嘉兴市、江门市、焦作市、揭阳市、开封市、克拉玛依市、莱芜市、兰州市、连云港市、临沂市、柳州市、洛阳市、眉山市、南昌市、南京市、南通市、南阳市、宁波市、盘锦市、莆田市、青岛市、清远市、汕头市、汕尾市、上海市、深圳市、十堰市、苏州市、随州市、台州市、泰州市、太原市、唐山市、天津市、温州市、乌海市、无锡市、武汉市、西安市、西宁市、厦门市、湘潭市、新乡市、新余市、烟台市、盐城市、扬州市、宜宾市、银川市、营口市、镇江市、中山市、舟山市、珠海市、株洲市、淄博市、自贡市

第四象限：去中心化＋集聚

鞍山市、长沙市、巢湖市、郴州市、赤峰市、定西市、鄂州市、贵港市、葫芦岛市、淮安市、黄山市、济南市、济宁市、来宾市、乐山市、六盘水市、攀枝花市、钦州市、日照市、韶关市、沈阳市、铜川市、襄樊市、枣庄市、湛江市、重庆市

附表 2-3　2013 年中国城市空间结构分类

第一象限：集中＋集聚

安康市、安阳市、白山市、蚌埠市、包头市、保山市、本溪市、常德市、长春市、朝阳市、郴州市、成都市、池州市、滁州市、达州市、丹东市、德阳市、东营市、抚州市、广安市、广元市、汉中市、黄山市、吉安市、吉林市、金华市、晋中市、荆门市、荆州市、景德镇市、九江市、酒泉市、昆明市、聊城市、辽阳市、临沧市、龙岩市、陇南市、娄底市、马鞍山市、绵阳市、南充市、南宁市、南平市、内江市、宁德市、攀枝花市、盘锦市、萍乡市、平凉市、曲靖市、泉州市、三明市、商洛市、商丘市、韶关市、绍兴市、朔州市、宿迁市、宿州市、随州市、泰安市、天水市、通化市、通辽市、铜陵市、威海市、渭南市、乌鲁木齐市、芜湖市、咸宁市、襄阳市、孝感市、新余市、忻州市、信阳市、雅安市、阳江市、益阳市、玉溪市、岳阳市、昭通市、自贡市、遵义市、亳州市、衢州市

续附表 2-3

第二象限：集中＋分散

百色市、巢湖市、福州市、阜新市、桂林市、贵港市、衡阳市、淮北市、锦州市、兰州市、乐山市、平顶山市、清远市、铁岭市、温州市、西安市、咸阳市、阳泉市、宜昌市、永州市、榆林市、云浮市、运城市、漳州市、肇庆市、郑州市

第三象限：去中心化＋分散

安庆市、安顺市、白银市、宝鸡市、北京市、滨州市、常州市、长治市、潮州市、崇左市、大同市、德州市、东莞市、鄂州市、佛山市、抚顺市、阜阳市、广州市、贵阳市、哈尔滨市、海口市、杭州市、合肥市、河池市、鹤壁市、贺州市、呼和浩特市、呼伦贝尔市、湖州市、淮安市、淮南市、黄石市、惠州市、嘉兴市、江门市、焦作市、揭阳市、开封市、克拉玛依市、莱芜市、来宾市、丽水市、连云港市、临沂市、柳州市、洛阳市、茂名市、梅州市、眉山市、南昌市、南京市、南通市、南阳市、宁波市、莆田市、钦州市、汕头市、汕尾市、上海市、深圳市、苏州市、台州市、泰州市、太原市、唐山市、天津市、潍坊市、乌海市、无锡市、梧州市、武汉市、厦门市、新乡市、徐州市、盐城市、扬州市、银川市、营口市、玉林市、枣庄市、湛江市、镇江市、中山市、舟山市、珠海市、株洲市、淄博市

第四象限：去中心化＋集聚

鞍山市、巴中市、长沙市、赤峰市、大连市、定西市、防城港市、葫芦岛市、济南市、济宁市、六安市、六盘水市、青岛市、日照市、沈阳市、十堰市、铜川市、西宁市、湘潭市、宣城市、烟台市、宜春市、宜宾市、重庆市、资阳市、泸州市

附录3

本附录的获得方式同附录2,展示了2004—2008年、2008—2013年两个时期的中国城市空间结构演化方向(附表3-1、附表3-2)。2008年与2004年相比,或者2013年与2008年相比,城市集中度与集聚度均得到了加强即趋于单中心紧凑化,集中度提高、集聚度降低的城市正在走向单中心化,集中度和集聚度降低的城市更加蔓延化,而集中度降低、集聚度提高的城市趋向于多中心化。

附表3-1　2004—2008年中国城市空间结构演化方向

集中度和集聚度都提高(单中心紧凑化)

安康市、安顺市、安阳市、巴中市、保山市、本溪市、常德市、长春市、长治市、池州市、崇左市、滁州市、大同市、德阳市、德州市、定西市、东营市、防城港市、福州市、抚顺市、阜阳市、广安市、广元市、贵港市、海口市、河池市、贺州市、葫芦岛市、湖州市、淮南市、惠州市、吉安市、吉林市、济宁市、金华市、锦州市、荆州市、景德镇市、酒泉市、开封市、来宾市、兰州市、乐山市、连云港市、聊城市、辽阳市、临沧市、柳州市、六安市、龙岩市、眉山市、绵阳市、南充市、南宁市、南平市、内江市、宁德市、萍乡市、平顶山市、平凉市、钦州市、商洛市、韶关市、绍兴市、十堰市、朔州市、宿迁市、宿州市、通辽市、铜陵市、渭南市、温州市、乌鲁木齐市、芜湖市、梧州市、厦门市、孝感市、新乡市、信阳市、宣城市、阳江市、阳泉市、宜宾市、益阳市、玉林市、玉溪市、岳阳市、枣庄市、昭通市、资阳市、遵义市、衢州市、泸州市

集中度提高、集聚度降低(单中心化)

鞍山市、百色市、宝鸡市、赤峰市、东莞市、桂林市、汉中市、呼和浩特市、江门市、晋中市、九江市、丽水市、南昌市、南阳市、宁波市、三明市、商丘市、苏州市、天津市、通化市、潍坊市、乌海市、咸宁市、襄樊市、雅安市、烟台市、宜昌市、永州市、榆林市、运城市、湛江市、珠海市

集中度和集聚度降低(蔓延化)

安庆市、白银市、蚌埠市、包头市、北京市、滨州市、常州市、长沙市、潮州市、巢湖市、郴州市、成都市、达州市、大连市、丹东市、佛山市、抚州市、阜新市、广州市、贵阳市、哈尔滨市、杭州市、合肥市、鹤壁市、呼伦贝尔市、淮北市、黄石市、济南市、嘉兴市、揭阳市、克拉玛依市、昆明市、莱芜市、临沂市、娄底市、洛阳市、茂名市、南京市、南通市、攀枝花市、盘锦市、莆田市、青岛市、清远市、曲靖市、泉州市、日照市、汕头市、汕尾市、上海市、沈阳市、随州市、泰州市、太原市、铁岭市、威海市、无锡市、武汉市、西安市、西宁市、咸阳市、湘潭市、徐州市、盐城市、扬州市、银川市、营口市、漳州市、镇江市、郑州市、中山市、重庆市、舟山市、株洲市、亳州市

集中度降低、集聚度提高(多中心化)

白山市、朝阳市、鄂州市、衡阳市、淮安市、黄山市、焦作市、荆门市、六盘水市、陇南市、马鞍山市、梅州市、深圳市、台州市、泰安市、唐山市、天水市、铜川市、新余市、忻州市、宜春市、云浮市、肇庆市、淄博市、自贡市

附表3-2　2008—2013年中国城市空间结构演化方向

集中度和集聚度都提高（单中心紧凑化）
安阳市、白山市、蚌埠市、包头市、常德市、长沙市、朝阳市、潮州市、郴州市、成都市、大连市、阜新市、桂林市、鹤壁市、衡阳市、呼伦贝尔市、淮北市、黄山市、揭阳市、晋中市、荆门市、荆州市、景德镇市、九江市、开封市、临沂市、娄底市、南充市、宁波市、盘锦市、萍乡市、莆田市、青岛市、清远市、曲靖市、三明市、汕尾市、商洛市、商丘市、韶关市、沈阳市、随州市、通化市、乌海市、芜湖市、西安市、咸宁市、襄阳市、新余市、信阳市、扬州市、阳泉市、营口市、玉溪市、漳州市、肇庆市、中山市、株洲市、自贡市、遵义市、亳州市
集中度提高、集聚度降低（单中心化）
白银市、巢湖市、赤峰市、德阳市、佛山市、淮安市、黄石市、惠州市、吉安市、江门市、焦作市、金华市、莱芜市、兰州市、乐山市、陇南市、眉山市、南昌市、南宁市、攀枝花市、泰安市、天水市、温州市、乌鲁木齐市、阳江市、运城市、枣庄市、郑州市、淄博市
集中度和集聚度降低（蔓延化）
鞍山市、安康市、安庆市、安顺市、保山市、宝鸡市、北京市、本溪市、滨州市、常州市、长春市、长治市、池州市、崇左市、大同市、丹东市、德州市、定西市、东营市、东莞市、鄂州市、防城港市、福州市、抚顺市、抚州市、阜阳市、广安市、广元市、广州市、贵港市、贵阳市、哈尔滨市、海口市、杭州市、合肥市、河池市、贺州市、湖州市、淮南市、吉林市、济南市、嘉兴市、锦州市、酒泉市、克拉玛依市、来宾市、丽水市、连云港市、聊城市、临沧市、六安市、六盘水市、龙岩市、洛阳市、茂名市、梅州市、绵阳市、南京市、南平市、南通市、南阳市、宁德市、平顶山市、钦州市、日照市、汕头市、上海市、苏州市、宿迁市、泰州市、太原市、唐山市、天津市、铁岭市、通辽市、铜川市、潍坊市、渭南市、无锡市、梧州市、武汉市、厦门市、咸阳市、孝感市、忻州市、徐州市、宣城市、雅安市、盐城市、宜昌市、宜春市、益阳市、银川市、榆林市、玉林市、湛江市、昭通市、镇江市、重庆市、舟山市、资阳市、衢州市、泸州市
集中度降低、集聚度提高（多中心化）
巴中市、百色市、滁州市、达州市、汉中市、呼和浩特市、葫芦岛市、济宁市、昆明市、辽阳市、柳州市、马鞍山市、内江市、平凉市、泉州市、绍兴市、深圳市、十堰市、朔州市、宿州市、台州市、铜陵市、威海市、西宁市、湘潭市、新乡市、烟台市、宜宾市、永州市、岳阳市、云浮市、珠海市

附录 4

本附录为第 6 章实证模型所涉及的城市样本及其常住人口规模情况(附表 4-1),是模型所涉及的 CGSS 中 1 468 个个体所在的 33 个样本城市。

附表 4-1　个体成本实证所用样本城市

城市名	2008 年常住人口规模/万人
朝阳市	54.00
连云港市	76.22
安顺市	81.95
孝感市	88.33
葫芦岛市	97.32
遵义市	98.51
湖州市	108.47
济宁市	109.85
西宁市	112.21
玉林市	117.68
日照市	122.02
泸州市	137.55
乐山市	141.19
温州市	142.60
信阳市	142.69
泰安市	160.19
商丘市	168.64
吉林市	184.93
贵阳市	202.27
常州市	225.30
太原市	264.16
唐山市	310.43
长春市	359.49
杭州市	421.90
哈尔滨市	475.48
沈阳市	509.02
南京市	537.81

续附表 4-1

城市名	2008年常住人口规模/万人
成都市	670.83
广州市	880.64
天津市	994.07
重庆市	1 483.99
北京市	1 590.05
上海市	1 806.78

附录 5

本附录为根据表 7-1 和表 7-2 的结果,按照经济收益—成本均衡视角所获得的不同人口规模门槛划分的中国城市规模分布情况(附表 5-1)。

附表 5-1　2013 年按绩效综合规模门槛划分的人口规模分布

<58 万人 (72 个)	沧州市、衡水市、晋城市、忻州市、吕梁市、乌海市、鄂尔多斯市、呼伦贝尔市、乌兰察布市、铁岭市、辽源市、通化市、松原市、白城市、双鸭山市、七台河市、黑河市、丽水市、铜陵市、黄山市、滁州市、三明市、漳州市、南平市、龙岩市、宁德市、景德镇市、鹰潭市、吉安市、上饶市、许昌市、三门峡市、周口市、十堰市、黄冈市、随州市、张家界市、怀化市、娄底市、肇庆市、汕尾市、河源市、云浮市、梧州市、防城港市、百色市、河池市、崇左市、三亚市、六盘水市、玉溪市、丽江市、普洱市、临沧市、延安市、汉中市、榆林市、商洛市、嘉峪关市、金昌市、白银市、张掖市、平凉市、酒泉市、庆阳市、定西市、陇南市、石嘴山市、吴忠市、固原市、中卫市、克拉玛依市
58 万— 355 万人 (196 个)	石家庄市、唐山市、秦皇岛市、邯郸市、邢台市、保定市、张家口市、承德市、廊坊市、太原市、大同市、阳泉市、长治市、朔州市、晋中市、运城市、临汾市、呼和浩特市、包头市、赤峰市、通辽市、巴彦淖尔市、大连市、鞍山市、抚顺市、本溪市、丹东市、锦州市、营口市、阜新市、辽阳市、盘锦市、朝阳市、葫芦岛市、吉林市、四平市、白山市、齐齐哈尔市、鸡西市、鹤岗市、大庆市、伊春市、佳木斯市、牡丹江市、绥化市、无锡市、徐州市、常州市、苏州市、南通市、连云港市、淮安市、盐城市、扬州市、镇江市、泰州市、宿迁市、宁波市、温州市、嘉兴市、湖州市、绍兴市、金华市、衢州市、舟山市、台州市、合肥市、芜湖市、蚌埠市、淮南市、马鞍山市、淮北市、安庆市、阜阳市、宿州市、六安市、亳州市、池州市、宣城市、福州市、厦门市、莆田市、泉州市、南昌市、萍乡市、九江市、新余市、赣州市、宜春市、抚州市、济南市、淄博市、枣庄市、东营市、烟台市、潍坊市、济宁市、泰安市、威海市、日照市、莱芜市、临沂市、德州市、聊城市、滨州市、菏泽市、开封市、洛阳市、平顶山市、安阳市、鹤壁市、新乡市、焦作市、濮阳市、漯河市、南阳市、商丘市、信阳市、驻马店市、黄石市、宜昌市、襄阳市、鄂州市、荆门市、孝感市、荆州市、咸宁市、长沙市、株洲市、湘潭市、衡阳市、邵阳市、岳阳市、常德市、益阳市、郴州市、永州市、韶关市、深圳市、珠海市、江门市、湛江市、茂名市、惠州市、梅州市、阳江市、清远市、东莞市、中山市、潮州市、揭阳市、南宁市、柳州市、桂林市、北海市、钦州市、贵港市、玉林市、贺州市、来宾市、海口市、自贡市、攀枝花市、泸州市、德阳市、绵阳市、广元市、遂宁市、内江市、乐山市、南充市、眉山市、宜宾市、广安市、达州市、雅安市、巴中市、资阳市、贵阳市、遵义市、安顺市、昆明市、曲靖市、保山市、昭通市、铜川市、宝鸡市、咸阳市、渭南市、安康市、兰州市、天水市、武威市、西宁市、银川市、乌鲁木齐市
>355 万人 (17 个)	北京市、天津市、沈阳市、长春市、哈尔滨市、上海市、南京市、杭州市、青岛市、郑州市、武汉市、广州市、汕头市、佛山市、重庆市、成都市、西安市

参考文献

•中文文献•

阿瑟·奥莎利文,2015. 城市经济学[M]. 周京奎,译. 8版. 北京:北京大学出版社.

爱德华·W. 苏贾,2004. 后现代地理学:重申批判社会理论中的空间[M]. 王文斌,译. 北京:商务印书馆.

巴顿,1984. 城市经济学:理论和政策[M]. 上海社会科学院部门经济研究所城市经济研究室,译. 北京:商务印书馆.

柴彦威,等,2014. 空间行为与行为空间[M]. 南京:东南大学出版社.

常晨,陆铭,2017. 新城之殇:密度、距离与债务[J]. 经济学(季刊),16(4):1621-1642.

陈财茂,2007. 经济增长的决定因素:跨国经验研究[D]. 上海:华东师范大学.

陈金英,2016. 中国城市群空间结构及其对经济效率的影响研究[D]. 长春:东北师范大学.

陈睿,2013. 都市圈空间结构的经济绩效[M]. 北京:中国建筑工业出版社.

陈伟民,蒋华园,2000. 城市规模效益及其发展政策[J]. 财经科学(4):67-70.

道格拉斯·C. 诺思,1992. 经济史上的结构和变革[M]. 厉以平,译. 北京:商务印书馆.

丁成日,2007a. 城市空间规划:理论、方法与实践[M]. 北京:高等教育出版社.

丁成日,2007b. 国际卫星城发展战略的评价[J]. 城市发展研究,14(2):121-126.

段小梅,2001. 经济发展水平与城市化特点[J]. 重庆商学院学报,11(2):39-40,61.

冯健,2002. 杭州市人口密度空间分布及其演化的模型研究[J]. 地理研究,21(5):635-646.

冯奎,2015. 中国新城新区发展报告[M]. 北京:中国发展出版社.

弗衣·亨德森,2007. 中国的城市化:面临的政策问题与选择[J]. 城市发展研究,14(4):32-41.

傅勇,2010. 财政分权、政府治理与非经济性公共物品供给[J]. 经济研究,45(8):4-15.

谷一桢,郑思齐,曹洋,2009. 北京市就业中心的识别:实证方法及应用[J]. 城市发展研究,16(9):118-124.

郭庆旺,贾俊雪,2010. 财政分权、政府组织结构与地方政府支出规模[J]. 经济研究,45(11):59-72.

侯韵,孙铁山,2016. 中国城市群空间结构的经济绩效:基于面板数据的实证分析[J]. 经济问题探索(2):80-88.

华杰媛,2017. 中国城市群空间结构的演化、影响因素与经济绩效:基于形态单中心—多中心视角[D]. 上海:华东师范大学.

贾俊雪,郭庆旺,宁静,2011. 财政分权、政府治理结构与县级财政解困[J]. 管理世界(1):30-39.

蒋丽,吴缚龙,2009. 广州市就业次中心和多中心城市研究[J]. 城市规划学刊(3):75-81.

蒋丽,吴缚龙,2013. 2000—2010年广州人口空间分布变动与多中心城市空间结构演化测度[J]. 热带地理,33(2):147-155.

蒋丽,吴缚龙,2014. 2000—2010年广州外来人口空间分布变动与对多中心城市空间结构影响研究[J]. 现代城市研究,29(5):15-21.

杰弗里·M. 伍德里奇,2010. 计量经济学导论[M]. 费剑平,译. 4版. 北京:中国人民大学出版社.

柯善咨,向娟,2012. 1996—2009年中国城市固定资本存量估算[J]. 统计研究,29(7):19-24.

李小建,2006. 经济地理学[M]. 2版. 北京:高等教育出版社.

刘冰,2007. 中国城市最优规模的实证研究[D]. 长春:东北师范大学.

刘修岩,李松林,秦蒙,2017. 城市空间结构与地区经济效率:兼论中国城镇化发展道路的模式选择[J]. 管理世界(1):51-64.

龙韬,柴彦威,2006. 北京市民郊区大型购物中心的利用特征:以北京金源时代购物中心为例[J]. 人文地理,21(5):117-123.

陆铭,冯皓,2014. 集聚与减排:城市规模差距影响工业污染强度的经验研究[J]. 世界经济,37(7):86-114.

罗震东,2007. 分权与碎化:中国都市区域发展的阶段与趋势[J]. 城市规划,31(11):64-70,85.

罗震东,汪鑫,耿磊,2015. 中国都市区行政区划调整:城镇化加速期以来的阶段与特征[J]. 城市规划,39(2):44-49.

马歇尔,2010. 经济学原理[M]. 朱志泰,陈良璧,译. 北京:商务印书馆.

秦蒙,刘修岩,2015. 城市蔓延是否带来了我国城市生产效率的损失:基于夜间灯光数据的实证研究[J]. 财经研究,41(7):28-40.

沈建法,王桂新,2000. 90年代上海中心城人口分布及其变动趋势的模型研究[J]. 中国人口科学(5):45-52.

沈洁,柴彦威,2006. 郊区化背景下北京市民城市中心商业区的利用特征[J]. 人文地理,21(5):113-116,123.

石忆邵,1999. 从单中心城市到多中心城市:中国特大城市发展的空间组织模式[J]. 城市规划汇刊(3):36-39,26.

孙斌栋,李琬,2016. 城市规模分布的经济绩效:基于中国市域数据的实证研究[J]. 地理科学,36(3):328-334.

孙斌栋,石巍,宁越敏,2010. 上海市多中心城市结构的实证检验与战略思考[J]. 城市规划学刊(1):58-63.

孙斌栋,涂婷,石巍,等,2013. 特大城市多中心空间结构的交通绩效检验:上海案例研究[J]. 城市规划学刊(2):63-69.

孙斌栋,魏旭红,2014. 上海都市区就业—人口空间结构演化特征[J]. 地理学报,69(6):747-758.

孙铁山,李国平,卢明华,2009. 京津冀都市圈人口集聚与扩散及其影响因素:基于区域密度函数的实证研究[J]. 地理学报,64(8):956-966.

孙铁山,王兰兰,李国平,2012. 北京都市区人口—就业分布与空间结构演化[J]. 地理学报,67(6):829-840.

覃成林,李红叶,2012. 西方多中心城市区域研究进展[J]. 人文地理,27(1):6-10.

唐富藏,于宗先,1986. 经济学百科全书(第8册):空间经济学[M]. 台北:台湾联经出版事业公司.

唐子来,1997. 西方城市空间结构研究的理论和方法[J]. 城市规划汇刊(6):1-11.

藤田昌久,保罗·克鲁格曼,安东尼·维纳布尔斯,2005. 空间经济学:城市、区域与国际贸易[M]. 梁琦,译. 北京:中国人民大学出版社.

田广增,李学鑫,2012. 西方区域多中心测度与效应研究进展[J]. 地域研究与开发,31(3):48-52.

屠启宇,2012. 国际城市发展报告(2012)[M]. 北京:社会科学文献出版社.

王小鲁,樊纲,2000. 中国经济增长的可持续性:跨世纪的回顾与展望[M]. 北京:经济科学出版社.

王小鲁,夏小林,1999. 优化城市规模 推动经济增长[J]. 经济研究,34(9):22-29.

王旭辉,孙斌栋,2011. 特大城市多中心空间结构的经济绩效:基于城市经济模型的理论探讨[J]. 城市规划学刊(6):20-27.

王颖,孙斌栋,乔森,等,2012. 中国特大城市的多中心空间战略:以上海市为例[J]. 城市规划学刊(2):17-23.

魏后凯,白联磊,2015. 中国城市市辖区设置和发展评价研究[J]. 开发研究(1):1-7.

吴文钰,马西亚,2006. 多中心城市人口模型及模拟:以上海为例[J]. 现代城市研究,21(12):39-44.

向姗,2011. 中国城市固定资本存量估算[D]. 长沙:湖南大学.

谢守红,宁越敏,2006. 广州市人口密度分布及演化模型研究[J]. 数理统计与管理,25(5):518-522.

徐现祥,王贤彬,2011. 中国地方官员治理的增长绩效[M]. 北京:科学出版社.

许学强,周一星,宁越敏,2009. 城市地理学[M]. 2版. 北京:高等教育出版社.

亚当·斯密,2015. 国富论[M]. 郭大力,王亚南,译. 北京:商务印书馆.

杨青山,杜雪,张鹏,等,2011. 东北地区市域城市人口空间结构与劳动生产率关系研究[J]. 地理科学,31(11):1301-1306.

于璐,郑思齐,刘洪玉,2008. 住房价格梯度的空间互异性及影响因素:对北京城市空间结构的实证研究[J]. 经济地理,28(3):406-410.

于涛方,吴唯佳,2016. 单中心还是多中心:北京城市就业次中心研究[J]. 城市规划学刊(3):21-29.

张浩然,衣保中,2012. 城市群空间结构特征与经济绩效:来自中国的经验证据[J]. 经济评论(1):42-47.

张军,2007. 分权与增长:中国的故事[J]. 经济学(季刊),7(1):21-52.

张军,吴桂英,张吉鹏,2004. 中国省际物质资本存量估算:1952—2000[J]. 经济研究(10):35-44.

张亮靓,孙斌栋,2017. 极化还是均衡:重塑大国经济地理的战略选择:城市规模分布变化和影响因素的跨国分析[J]. 地理学报,72(8):1419-1431.

张庭伟,2001. 1990年代中国城市空间结构的变化及其动力机制[J]. 城市规划,25(7):7-14.

赵红军,2005. 交易效率、城市化与经济发展:一个城市化经济学分析框架及其在中国的应用[D]. 上海:复旦大学.

赵红军,尹伯成,2007. 城市经济学的理论演变与新发展[J]. 社会科学(11):4-13.

周黎安,2004. 晋升博弈中政府官员的激励与合作:兼论我国地方保护主义和重复建设问题长期存在的原因[J]. 经济研究,39(6):33-40.

周黎安,2007. 中国地方官员的晋升锦标赛模式研究[J]. 经济研究,42(7):36-50.

周黎安,2008. 转型中的地方政府:官员激励与治理[M]. 上海:格致出版社.

周素红,闫小培,2006. 基于居民通勤行为分析的城市空间解读:以广州市典型街区为案例[J]. 地理学报,61(2):179-189.

周阳,2012. 基于生活成本调整的真实产出和中国地级以上城市的适宜规模研究[D]. 武汉:华中科技大学.

周业安,赵晓男,2002. 地方政府竞争模式研究:构建地方政府间良性竞争秩序的理论和政策分析[J]. 管理世界(12):52-61.

周一星,史育龙,1995. 建立中国城市的实体地域概念[J]. 地理学报,50(4):289-301.

• 外文文献 •

AGNEW J A,1984. Devaluing place:'people prosperity versus place prosperity' and regional planning[J]. Environment and planning D:society and space,2(1):35-45.

AGUILERA A,2005. Growth in commuting distances in French polycentric metropolitan areas:Paris,Lyon and Marseille[J]. Urban studies,42(9):1537-1547.

ALONSO W,1964. Location and land use:toward a general theory of land rent[M]. Cambridge:Harvard University Press.

ALONSO W,1970. What are new towns for[J]. Urban studies,7(1):37-55.

ALONSO W, 1971. The economics of urban size[J]. Papers in regional science, 26(1):67-83.

ALTSHULER A A, 1977. Review of the costs of sprawl[J]. Journal of the American planning association, 43(2):207-209.

ALTSHULER A A, GOMEZ-IBANEZ J A, HOWITT A M, 1993. Regulation for revenue: the political economy of land use exactions[M]. Washington DC: Brookings Institution Press.

ANAS A, 2015. Why are urban travel times so stable[J]. Journal of regional science, 55(2):230-261.

ANAS A, ARNOTT R, SMALL K A, 1998. Urban spatial structure[J]. Journal of economic literature, 36(3):1426-1464.

ANAS A, RHEE H J, 2007. When are urban growth boundaries not second-best policies to congestion tolls[J]. Journal of urban economics, 61(2): 263-286.

ANDERSON J E, 1982. Cubic-spline urban-density functions[J]. Journal of urban economics,12(2):155-167.

ANDERSON J E, 1985. The changing structure of a city: temporal changes in cubic spline urban density patterns[J]. Journal of regional science, 25(3): 413-425.

ANDERSON N B, BOGART W T, 2001. The structure of sprawl: identifying and characterizing employment centers in polycentric metropolitan areas [J]. American journal of economics and sociology, 60(1):147-169.

ANDERSON W P, KANAROGLOU P S, MILLER E J, 1996. Urban form, energy and the environment: a review of issues, evidence and policy[J]. Urban studies, 33(1):7-35.

ARNOTT R J, 1979. Optimal city size in a spatial economy[J]. Journal of urban economics, 6(1):65-89.

ARNOTT R J, 2004. Does the Henry George theorem provide a practical guide to optimal city size[J]. American journal of economics and sociology, 63 (5):1057-1090.

ARNOTT R J, STIGLITZ J E, 1979. Aggregate land rents, expenditure on public goods, and optimal city size [J]. The quarterly journal of economics, 93(4):471-500.

AU C C, HENDERSON J V, 2006. Are Chinese cities too small[J]. The review of economic studies, 73(3):549-576.

AYNVARG Y S, 1969. Zones of influence of middle-size cities, their boundaries and passenger flows[J]. Soviet geography, 10(9):549-558.

BARTHELEMY M, 2016. A global take on congestion in urban areas[J]. Environment and planning B: planning and design, 43(5):800-804.

BAUM-SNOW N, 2014. Urban transport expansions, employment

decentralization, and the spatial scope of agglomeration economies[R]. Providence: Brown University & NBER Working Paper.

BECHLE M J, MILLET D B, MARSHALL J D, 2011. Effects of income and urban form on urban NO_2: global evidence from satellites [J]. Environmental science & technology, 45(11):4914-4919.

BEREITSCHAFT B, DEBBAGE K, 2013. Urban form, air pollution, and CO_2 emissions in large US metropolitan areas[J]. The professional geographer, 65(4):612-635.

BERRY B J L, 1976. Ghetto expansion and single-family housing prices: Chicago, 1968-1972[J]. Journal of urban economics, 3(4):397-423.

BOGART W T, FERRY W C, 1999. Employment centres in Greater Cleveland:evidence of evolution in a formerly monocentric city[J]. Urban studies, 36(12):2099-2110.

BOLTON R, 1992. 'Place prosperity vs people prosperity' revisited: an old issue with a new angle [J]. Urban studies, 29(2):185-203.

BOURNE L S, 1971. Internal structure of the city[M]. New York: Oxford University Press.

BOYNE G A, 1996. Competition and local government: a public choice perspective[J]. Urban studies, 33(4/5):703-721.

BRAKMAN S, VAN MARREWIJK C, 2013. Reflections on cluster policies [J]. Cambridge journal of regions, economy and society, 6(2):217-231.

BRÜLHART M, MATHYS N A, 2008. Sectoral agglomeration economies in a panel of European regions[J]. Regional science and urban economics, 38 (4):348-362.

BUCHANAN J M, 1965. An economic theory of clubs[J]. Economica, 32 (125):1-14.

BURCHELL R W, 1992. Impact assessment of the New Jersey Interim State development and redevelopment plan, report II: research findings[R]. Trenton:New Jersey Office of State Planning.

BURCHELL R W, MOSKOWITZ H, 1995. Impact assessment of DELEP CCMP versus STATUS QUO on twelve municipalities in the DELEP region[R]. Philadelphia: Report Prepared for the Local Governments Committee of the Delaware Estuary Program.

BURCHELL R W, NEUMAN N, 1997. Fiscal impacts of alternative land development patterns in Michigan:the costs of current development versus compact growth[R]. Detroit: Southeast Michigan Regional Council of Governments.

BURGALASSI D, LUZZATI T, 2015. Urban spatial structure and environmental emissions: a survey of the literature and some empirical evidence for Italian NUTS 3 regions[J]. Cities, 49:134-148.

BUSSO M, GREGORY J, KLINE P, 2013. Assessing the incidence and efficiency of a prominent place based policy[J]. American economic review, 103(2):897-947.

CARRUTHERS J I, ULFARSSON G F, 2002. Fragmentation and sprawl: evidence from interregional analysis[J]. Growth and change, 33(3): 312-340.

CARRUTHERS J I, ULFARSSON G F, 2003. Urban sprawl and the cost of public services[J]. Environment and planning B: planning and design, 30(4):503-522.

CARRUTHERS J I, ULFARSSON G F, 2008. Does smart growth' matter to public finance[J]. Urban studies, 45(9):1791-1823.

CERVERO R, 2001. Efficient urbanisation: economic performance and the shape of the metropolis[J]. Urban studies, 38(10):1651-1671.

CERVERO R, WU K L, 1997. Polycentrism, commuting, and residential location in the San Francisco Bay area[J]. Environment and planning A: economy and space, 29(5):865-886.

CERVERO R, WU K L, 1998. Sub-centring and commuting: evidence from the San Francisco Bay area, 1980-90[J]. Urban studies, 35(7): 1059-1076.

CHEN Y M, LI X, ZHENG Y, et al, 2011. Estimating the relationship between urban forms and energy consumption: a case study in the Pearl River Delta, 2005-2008[J]. Landscape and urban planning, 102(1):33-42.

CICCONE A, 2002. Agglomeration effects in Europe[J]. European economic review, 46(2):213-227.

CLARK C, 1951. Urban population densities[J]. Journal of the royal statistical society, 114(4):490-496.

CLARK L P, MILLET D B, MARSHALL J D, 2011. Air quality and urban form in US urban areas: evidence from regulatory monitors[J]. Environmental science & technology, 45(16):7028-7035.

CLARK W A V, 2000. Monocentric to polycentric: new urban forms and old paradigms[M]//BRIDGE G, WATSON S. A companion to the city. Malden: Blackwell Publishers: 141-154.

COFFEY W J, SHEARMUR R G, 2002. Agglomeration and dispersion of high-order service employment in the Montreal metropolitan region, 1981-96[J]. Urban studies, 39(3):359-378.

COMBES P P, DURANTON G, GOBILLON L, 2012. The costs of agglomeration: house and land prices in French cities[J]. The review of economic studies, 86(4):1556-1589.

COUTURE V, HANDBURY J, 2017. Urban revival in America, 2000 to

2010[R]. New York:National Bureau of Economic Research.

CRAIG S G, NG P T, 2001. Using quantile smoothing splines to identify employment subcenters in a multicentric urban area[J]. Journal of urban economics, 49(1):100-120.

CROPPER M L, ARRIAGA-SALINAS A S, 1980. Inter-city wage differentials and the value of air quality[J]. Journal of urban economics, 8(2):236-254.

DESMET K, ROSSI-HANSBERG E, 2013. Urban accounting and welfare[J]. American economic review, 103(6):2296-2327.

DIAMOND J, 1977. Wagner's 'law' and the developing countries[J]. The developing economies, 15(1):37-59.

DIELEMAN F M, FALUDI A, 1998. Polynucleated metropolitan regions in Northwest Europe:theme of the special issue[J]. European planning studies, 6(4):365-377.

DIXIT A, 1973. The optimum factory town[J]. The bell journal of economics and management science, 4(2):637-654.

DOWALL D E, TREFFEISEN P A, 1991. Spatial transformation in cities of the developing world:multinucleation and land-capital substitution in Bogotá, Colombia[J]. Regional science and urban economics, 21(2):201-224.

DOWNING J C, TEHIN JR N, 1973. The constitutional infirmity of the California government claim statute[J]. Pepperdine law review, 1:209-233.

DOWNS A, 1994. New visions for metropolitan America[M]. Cambridge:Lincoln Institute of Land Policy.

DOWNS A, 1999. Some realities about sprawl and urban decline[J]. Housing policy debate, 10(4):955-974.

DUNCAN J E, FRANK J, 1989. The search for efficient urban growth patterns[R]. Tallahassee:Florida Department of Community Affairs.

DURANTON G, 2008. View point:from cities to productivity and growth in developing countries[J]. Canadian journal of urban economics, 41(3):689-736.

DURANTON G, PUGA D, 2004. Micro-foundations of urban agglomeration economies[M]//HENDERSON J V, THISSE J F. Handbook of regional and urban economics. Amsterdam:Elsevier North-Holland:2063-2117.

DURANTON G, PUGA D, 2015. Urban land use[M]//DURANTON G, HENDERSON J V, STRANGE W C. Handbook of regional and urban economics. Amsterdam:Elsevier North-Holland:467-560.

EDLUND L, MACHADO C, SVIATSCHI M M, 2015. Bright minds, big rent:gentrification and the rising returns to skill[R]. New York:National

Bureau of Economic Research.

EMRYS J,1990. Metropolis: the world's great cities[M]. New York: Oxford University Press.

EVANS G W, 2003. The built environment and mental health[J]. Journal of urban health, 80(4):536-555.

EWING R, RONG F, 2008. The impact of urban form on US residential energy use[J]. Housing policy debate, 19(1):1-30.

FALLAH B N, PARTRIDGE M D, OLFERT M R, 2011. Urban sprawl and productivity:evidence from US metropolitan areas[J]. Papers in regional science, 90(3):451-472.

FISCHEL W A, 1987. The economics of zoning laws: a property rights approach to American land use controls[M]. Baltimore: Johns Hopkins University Press.

FIVA J H, 2006. New evidence on the effect of fiscal decentralization on the size and composition of government spending[J]. FinanzArchiv: public finance analysis, 62(2):250-280.

FOLEY D L, 1964. An approach to metropolitan spatial structure[M]// WEBBER M M. Exploration into urban structure. Philadelphia: University of Pennsylvania Press:21-71.

FOSTER K A, 1997. The political economy of special-purpose government [M]. Washington DC:Georgetown University Press.

FRANK J E, 1989. The costs of alternative development patterns:a review of the literature[M]. Washington DC:Urban Land Institute.

FRIEDMANN J, 1966. Regional development policy:a case study of Venezuela [M]. Cambridge:MIT Press.

FUJII T, HARTSHORNI T A, 1995. The changing metropolitan structure of Atlanta, Georgia: locations of functions and regional structure in a multinucleated urban area[J]. Urban geography, 16(8):680-707.

FUJITA M, 1989. Urban economic theory: land use and city size[M]. Cambridge:Cambridge University Press.

FUJITA M, KRUGMAN P R, VENABLES A J, 1999. The spatial economy: cities, regions, and international trade[M]. Cambridge:MIT Press.

FUJITA M, OGAWA H, 1982. Multiple equilibria and structural transition of non-monocentric urban configurations[J]. Regional science and urban economics, 12(2):161-196.

FUJITA M, THISSE J F, 2002. Agglomeration and market interaction[R]. London: CEPR Discussion Paper No. 3362.

FUJITA M, THISSE J F, ZENOU Y, 1997. On the endogeneous formation of secondary employment centers in a city[J]. Journal of urban economics, 41(3):337-357.

GAFFNEY M, 1964. Containment policies for urban sprawl[Z]//STAUBER R. Approaches to the study of urbanization. Lawrence: Governmental Research Center of the University of Kansas: 115-133.

GALSTER G, HANSON R, RATCLIFFE M R, et al, 2001. Wrestling sprawl to the ground: defining and measuring an elusive concept[J]. Housing policy debate, 12(4): 681-717.

GARCIA-LÓPEZ M A, MUNII I 2010. Employment decentralisation: polycentricity or scatteration? The case of Barcelona[J]. Urban studies, 47(14): 3035-3056.

GARREAU J, 1991. Edge city: life on the new frontier[M]. New York: Doubleday.

GIULIANO G, REDFEARN C, AGARWAL A, et al, 2007. Employment concentrations in Los Angeles, 1980-2000[J]. Environment and planning A: economy and space, 39(12): 2935-2957.

GIULIANO G, SMALL K A, 1991. Subcenters in the Los Angeles region[J]. Regional science and urban economics, 21(2): 163-182.

GLAESER E L, KAHN M E, 2001. Decentralized employment and the transformation of the American city[R]. New York: National Bureau of Economic Research.

GLAESER E L, KAHN M E, 2004. Sprawl and urban growth[M]// HENDERSON J V, THISSE J F. Handbook of regional and urban economics. Amsterdam: Elsevier North-Holland: 2481-2527.

GOLDSMITH R W, 1951. A perpetual inventory of national wealth[M]// GAINSBURGH M. Studies in income and wealth. New York: NBER: 5-73.

GOLLEDGE R G, 1997. Spatial behavior: a geographic perspective[M]. New York: Guilford Press.

GOODMAN C B, 2015. Local government fragmentation and the local public sector: a panel data analysis[J]. Public finance review, 43(1): 82-107.

GORDON P, KUMAR A, RICHARDSON H W, 1989a. Congestion, changing metropolitan structure, and city size in the United States[J]. International regional science review, 12(1): 45-56.

GORDON P, KUMAR A, RICHARDSON H W, 1989b. The influence of metropolitan spatial structure on commuting time[J]. Journal of urban economics, 26(2): 138-151.

GORDON P, RICHARDSON H W, 1996. Beyond polycentricity: the dispersed metropolis, Los Angeles, 1970-1990[J]. Journal of the American planning association, 62(3): 289-295.

GORDON P, RICHARDSON H W, WONG H L, 1986. The distribution of population and employment in a polycentric city: the case of Los Angeles

[J]. Environment and planning A: economy and space, 18(2):161-173.

GORDON P, WONG H L, 1985. The costs of urban sprawl: some new evidence[J]. Environment and planning A: economy and space, 17(5): 661-666.

GUPTA S P, HUTTON J P, 1968. Economies of scale in local government services[M]. London: HMSO.

HALL P G, PAIN K, 2006. The polycentric metropolis: learning from mega-city regions in Europe[M]. London: Routledge.

HALL R E, JONES C I, 1999. Why do some countries produce so much more output per worker than others[J]. The quarterly journal of economics, 114(1):83-116.

HANKEY S, MARSHALL J D, 2017. Urban form, air pollution, and health [J]. Current environmental health reports, 4(4):491-503.

HANSEN E R, 1990. Agglomeration economies and industrial decentralization: the wage: productivity trade-offs[J]. Journal of urban economics, 28(2):140-159.

HEIKKILA E, GORDON P, KIM J I, et al, 1989. What happened to the CBD-distance gradient: land values in a policentric city[J]. Environment and planning A: economy and space, 21(2):221-232.

HEINIMANN H R, 1998. A computer model to differentiate skidder and cable-yarder based road network concepts on steep slopes[J]. Journal of forest research, 3(1):1-9.

HENDERSON J V, 1974. The sizes and types of cities[J]. The American economic review, 64(4):640-656.

HENDERSON J V, 1982. Evaluating consumer amenities and interregional welfare differences[J]. Journal of urban economics, 11(1):32-59.

HENDERSON J V, 1986. Efficiency of resource usage and city size[J]. Journal of urban economics, 19(1):47-70.

HENDERSON J V, WANG H G, 2007. Urbanization and city growth: the role of institutions [J]. Regional science and urban economics, 37 (3):283-313.

HENDERSON V, 2002a. Urbanization in developing countries[J]. The world bank research observer, 17(1):89-112.

HENDERSON V, 2002b. Urban primacy, external costs, and quality of life [J]. Resource and energy economics, 24(1/2):95-106.

HEWINGS G J D, 2014. Spatially blind trade and fiscal impact policies and their impact on regional economies [J]. The quarterly review of economics and finance, 54(4):590-602.

HOLCOMBE R G, WILLIAMS D W, 2008. The impact of population density on municipal government expenditures[J]. Public finance review, 36(3):

359-373.

HONEY R, 1976. Conflicting problems in the political organization of space[J]. The annals of regional science, 10(1):45-60.

HORTAS-RICO M, SOLÉ-OLLÉ A, 2010. Does urban sprawl increase the costs of providing local public services? Evidence from Spanish municipalities[J]. Urban studies, 47(7):1513-1540.

HORTON F E, REYNOLDS D R, 1971. Effects of urban spatial structure on individual behavior[J]. Economic geography, 47(1):36-48.

ISARD W, COUGHLIN R E, 1957. Municipal costs and revenues resulting from community growth[M]. Wellesly:Chandler-Davis Publishing Co..

JIN J, ZOU H F, 2002. How does fiscal decentralization affect aggregate, national, and subnational government size[J]. Journal of urban economics, 52(2):270-293.

KAIN J F, QUIGLEY J M, 1970. Measuring the value of housing quality[J]. Journal of the American statistical association, 65(330):532-548.

KANEMOTO Y, 1980. Theories of urban externalities:studies in regional science and urban economics[M]. Amsterdam:Elsevier North-Holland.

KELLEY K C, 1977. Urban disamenities and the measure of economic welfare[J]. Journal of urban economics, 4(4):379-388.

KLINE P, MORETTI E, 2014. Local economic development, agglomeration economies, and the big push:100 years of evidence from the Tennessee Valley Authority[J]. The quarterly journal of economics, 129(1):275-331.

KNOX P L, MCCARTHY L, 2005. Urbanization:an introduction to urban geography[M]. 2nd ed. Upper Saddle River:Pearson Prentice Hall.

KRUGMAN P, 1996. The self-organizing Economy[M]. Malden:Blackwell Publisher.

KRUGMAN P, 1998. What's new about the new economic geography[J]. Oxford review of economic policy, 14(2):7-17.

LADD H F, 1992. Population growth, density and the costs of providing public services[J]. Urban studies, 29(2):273-295.

LADD H F, 1998. Local government tax and land use policies in the United States[M]. Cheltenham: Edward Elgar Publishing.

LANG R E, LEFURGY J, 2003. Edgeless cities:examining the noncentered metropolis[J]. Housing policy debate, 14(3):427-460.

LAPHAM V, 1971. Do blacks pay more for housing[J]. Journal of political economy, 79(6):1244-1257.

LEE B, GORDON P, 2007. Urban spatial structure and economic growth in US metropolitan areas[C]. Newport Beach:46th Annual Meetings of the Western Regional Science Association.

LEE B, GORDON P, RICHARDSON H W, et al, 2009. Commuting trends in US cities in the 1990s[J]. Journal of planning education and research, 29(1):78-89.

LEFEBVRE H, 1991. The production of space[M]. Malden: Blackwell Publisher.

LEWIS P G, 1996. Shaping suburbia: how political institutions organize urban development[M]. Pittsburgh: University of Pittsburgh Press.

LI C, GIBSON J, 2014. Spatial price differences and inequality in the People's Republic of China: housing market evidence[J]. Asian development review, 31(1):92-120.

LI H B, ZHOU L, 2005. Political turnover and economic performance: the incentive role of personnel control in China[J]. Journal of public economics, 89(9/10):1743-1762.

LI W, SUN B D, ZHANG T L, 2018a. Spatial structure and labour productivity: evidence from prefectures in China[J]. Urban studies, 56(8):1516-1532.

LI Y C, LIU X J, 2018b. How did urban polycentricity and dispersion affect economic productivity? A case study of 306 Chinese cities[J]. Landscape and urban planning, 173:51-59.

LI Y R, WEI Y H D, 2010. The spatial-temporal hierarchy of regional inequality of China[J]. Applied geography, 30(3):303-316.

LIN J Y, LIU Z Q, 2000. Fiscal decentralization and economic growth in China[J]. Economic development and cultural change, 49(1):1-21.

LINDSEY J H, PRATT J W, ZECKHAUSER R J, 1995. Equilibrium with agglomeration economies[J]. Regional science and urban economics, 25(3):249-260.

LUO J, WEI Y H D, 2009. Modeling spatial variations of urban growth patterns in Chinese cities: the case of Nanjing[J]. Landscape and urban planning, 91(2):51-64.

MA K R, BANISTER D, 2007. Urban spatial change and excess commuting[J]. Environment and planning A: economy and space, 39(3):630-646.

MACAULEY M K, 1985. Estimation and recent behavior of urban population and employment density gradients[J]. Journal of urban economics, 18(2):251-260.

MANILLE M, 2012. People, race and place: American support for person- and place-based urban policy, 1973-2008[J]. Urban studies, 49(14):3101-3119.

MANSFIELD T J, RODRIGUEZ D A, HUEGY J, et al, 2015. The effects of urban form on ambient air pollution and public health risk: a case study in Raleigh, North Carolina[J]. Risk analysis, 35(5):901-918.

MARTIN P, MAYER T, MAYNERIS F, 2011a. Public support to clusters: a firm level study of French 'local productive systems'[J]. Regional science and urban economics, 41(2):108-123.

MARTIN R, SUNLEY P, 2011b. The new economic geography and policy relevance [J]. Journal of economic geography, 11(2):357-369.

MASSEY D S, DENTON N A, 1988. The dimensions of residential segregation[J]. Social forces, 67(2):281-315.

MCDONALD J F, MCMILLEN D P, 1990. Employment subcenters and land values in a polycentric urban area: the case of Chicago[J]. Environment and planning A: economy and space, 22(12):1561-1574.

MCMILLEN D P, 2001. Nonparametric employment subcenter identification [J]. Journal of urban economics, 50(3):448-473.

MCMILLEN D P, MCDONALD J F, 1998. Suburban subcenters and employment density in metropolitan Chicago [J]. Journal of urban economics, 43(2):157-180.

MCMILLEN D P, SMITH S C, 2003. The number of subcenters in large urban areas[J]. Journal of urban economics, 53(3):321-338.

MEIJERS E J, BURGER M J, 2010. Spatial structure and productivity in US metropolitan areas[J]. Environment and planning A: economy and space, 42(6):1383-1402.

MELO P C, GRAHAM D J, BRAGE-ARDAO R, 2013. The productivity of transport infrastructure investment: a meta-analysis of empirical evidence [J]. Regional science and urban economics, 43(5):695-706.

MILLS E S, 1967. An aggregative model of resource allocation in a metropolitan area[J]. The American economic review, 57(2):197-210.

MILLS E S, 1972. Studies in the structure of the urban economy [M]. Washington DC:Johns Hopkins Press.

MOOMAW R L, 1981. Productivity and city size: a critique of the evidence [J]. The quarterly journal of economics, 96(4):675-688.

MUÑIZ I, GALINDO A, 2005. Urban form and the ecological footprint of commuting. The case of Barcelona[J]. Ecological economics, 55(4):499-514.

MUTH R F, 1969. Cities and housing: the spatial pattern of urban residential land use[M]. Chicago:University of Chicago Press.

NEWLING B E, 1969. The spatial variation of urban population densities[J]. Geographical review, 59(2):242-252.

NUNN S, KLACIK D, SCHOEDEL C, 1996. Strategic planning behavior and interurban competition for airport development [J]. Journal of the American planning association, 62(4):427-441.

OSTROM V, TIEBOUT C M, WARREN R, 1961. The organization of

government in metropolitan areas: a theoretical inquiry[J]. American political science review, 55(4):831-842.

PARKS R B, OAKERSON R J, 1989. Metropolitan organization and governance: a local public economy approach[J]. Urban affairs quarterly, 25(1):18-29.

PARR J B, 2012. The spatial-cycle model (SCM) revisited[J]. Regional studies, 46(2):217-228.

PARR J B, O'NEILL G J, NAIRN A G M, 1988. Metropolitan density functions: a further exploration[J]. Regional science and urban economics, 18(4):463-478.

PEISER R B, 1984. Does it pay to plan suburban growth[J]. Journal of the American planning association, 50(4):419-433.

PENDALL R, 1999. Do land-use controls cause sprawl[J]. Environment and planning B: planning and design, 26(4):555-571.

PFISTER N, FREESTONE R, MURPHY P, 2000. Polycentricity or dispersion: changes in center employment in metropolitan Sydney, 1981 to 1996[J]. Urban geography, 21(5):428-442.

PRESSMAN N, 1985. Forces for spatial change[M]//BROTCHIE J, NEWTON P, HALL P, et al. The future of urban form: the impact of new technology. London: Routledge: 349-361.

Real Estate Research Corporation, 1974. The costs of sprawl: environmental and economic costs of alternative residential development patterns at the urban fringe[M]. Washington DC: US Government Printing Office.

REYNOLDS C, ROHLIN S, 2014. Do location-based tax incentives improve quality of life and quality of business environment[J]. Journal of regional science, 54(1):1-32.

RODDEN J, 2003. Reviving Leviathan: fiscal federalism and the growth of government[J]. International organization, 57(4):695-729.

ROLHEISER L A, DAI C Z, 2019. Beyond density: municipal expenditures and the shape and location of development[J]. Urban geography, 40(8):1097-1123.

RUSK D, 1995. Cities without suburbs[M]. 2nd ed. Washington DC: Woodrow Wilson Center Press.

SAT N A, 2018. Polycentricity in a developing world: a micro-regional analysis for morphological polycentricity in Turkey[J]. GeoScape, 12(2):64-75.

SCHWEIZER U, 1983. Efficient exchange with a variable number of consumers[J]. Econometrica: journal of the econometric society, 51(3):575-584.

SCOTT A J, SOJA E W, 1996. The city: Los Angeles and urban theory at the end of the twentieth century[M]. Berkeley: University of California

Press.

SHE Q N, PENG X, XU Q, et al, 2017. Air quality and its response to satellite-derived urban form in the Yangtze River Delta, China[J]. Ecological indicators, 75:297-306.

SHEARMUR R, COFFEY W J, 2002. A tale of four cities:intrametropolitan employment distribution in Toronto, Montreal, Vancouver, and Ottawa-Hull, 1981-1996[J]. Environment and planning A: economy and space, 34(4):575-598.

SIVITANIDOU R, 1996. Do office-commercial firms value access to service employment centers? A hedonic value analysis within polycentric Los Angeles[J]. Journal of urban economics, 40(2):125-149.

SIVITANIDOU R, 1997. Are center access advantages weakening? The case of office-commercial markets[J]. Journal of urban economics, 42(1):79-97.

SMALL K A, SONG S F, 1994. Population and employment densities:structure and change[J]. Journal of urban economics, 36(3):292-313.

SONG S F, 1994. Modelling worker residence distribution in the Los Angeles region[J]. Urban studies, 31(9):1533-1544.

SPEIR C, STEPHENSON K, 2002. Does sprawl cost us all:isolating the effects of housing patterns on public water and sewer costs[J]. Journal of the American planning association, 68(1):56-70.

STEIN E, 1999. Fiscal decentralization and government size in Latin America[J]. Journal of applied economics, 2(2):357-391.

STONE JR B, MEDNICK A C, HOLLOWAY T, et al, 2007. Is compact growth good for air quality[J]. Journal of the American planning association, 73(4):404-418.

SULTANA S, 2002. Job/housing imbalance and commuting time in the Atlanta metropolitan area:exploration of causes of longer commuting time[J]. Urban geography, 23(8):728-749.

SUN B D, HE Z, ZHANG T L, et al, 2016. Urban spatial structure and commute duration:an empirical study of China[J]. International journal of sustainable transportation, 10(7):638-644.

TAYLOR P J, EVANS D M, PAIN K, 2008. Application of the interlocking network model to mega-city-regions:measuring polycentricity within and beyond city-regions[J]. Regional studies, 42(8):1079-1093.

THALER R, 1978. A note on the value of crime control:evidence from the property market[J]. Journal of urban economics, 5(1):137-145.

THOMAS V, 1980. Spatial differences in the cost of living[J]. Journal of urban economics, 8(1):108-122.

TIEBOUT C M, 1956. A pure theory of local expenditures[J]. Journal of political economy, 64(5):416-424.

TSAI Y H, 2005. Quantifying urban form: compactness versus sprawl[J]. Urban studies, 42(1):141-161.

TSUI K Y, WANG Y Q, 2004. Between separate stoves and a single menu: fiscal decentralization in China[J]. The China quarterly, 177:71-90.

United Nations, 2015. World urbanization prospects: the 2014 revision[R]. New York: United Nations Department of Economics and Social Affairs, Population Division.

VASANEN A, 2012. Functional polycentricity: examining metropolitan spatial structure through the connectivity of urban sub-centres[J]. Urban studies, 49(16):3627-3644.

VENERI P, BURGALASSI D, 2011. Spatial structure and productivity in Italian NUTS-3 regions[R]. Ancona: Università politecnica delle Marche, Dipartimento di Scienze Economiche e Sociali.

VENERI P, BURGALASSI D, 2012. Questioning polycentric development and its effects. Issues of definition and measurement for the Italian NUTS-2 regions[J]. European planning studies, 20(6):1017-1037.

WANG S J, WANG J Y, FANG C L, et al, 2019. Estimating the impacts of urban form on CO_2 emission efficiency in the Pearl River Delta, China[J]. Cities, 85:117-129.

WEBBER M M, 1964. The urban place and the nonplace urban realm[M]//WEBBER M M. Explorations into urban structure. Philadelphia: University of Pennsylvania Press:79-137.

WHEATON W C, 2004. Commuting, congestion, and employment dispersal in cities with mixed land use[J]. Journal of urban economics, 55(3):417-438.

WHEATON W L C, SCHUSSHEIM M J, 1955. The cost of municipal services in residential areas: a study prepared for the housing and home finance agency[Z]. US Department of Commerce (Office of Technical Services).

WHITE M J, 1999. Urban areas with decentralized employment: theory and empirical work[M]//CHESHIRE P, MILLS E. Handbook of regional and urban economics. Amsterdam: Elsevier North-Holland:1375-1412.

WIEAND K F, 1987. An extension of the monocentric urban spatial equilibrium model to a multicenter setting: the case of the two-center city[J]. Journal of urban economics, 21(3):259-271.

WU F, 2015. Planning for growth: urban and regional planning in China[M]. London: Routledge.

YEZER A M J, GOLDFARB R S, 1978. An indirect test of efficient city sizes[J]. Journal of urban economics, 5(1):46-65.

YOUNG A, 2000. Gold into base metals: productivity growth in the People's Republic of China during the reform period[R]. New York: National Bureau of Economic Research.

YU C Q, LEE J, MUNRO-STASIUK M J, 2003. Research article: extensions to least-cost path algorithms for roadway planning[J]. International journal of geographical information science, 17(4): 361-376.

ZHANG T L, SUN B D, LI W, 2017. The economic performance of urban structure: from the perspective of polycentricity and monocentricity[J]. Cities, 68: 18-24.

ZHAO P J, 2013. The impact of the built environment on individual workers' commuting behavior in Beijing[J]. International journal of sustainable transportation, 7(5): 389-415.

ZHENG X P, 2007. Measurement of optimal city sizes in Japan: a surplus function approach[J]. Urban studies, 44(5/6): 939-951.

图表来源

图 1-1 至图 1-4 源自：笔者绘制.

图 2-1 源自：笔者绘制.

图 3-1 源自：笔者根据公开资料整理绘制，数据来源于中国国家统计局国家数据以及美国人口普查局.

图 3-2、图 3-3 源自：笔者根据公开资料整理绘制，数据来源于美国人口普查局.

图 3-4 源自：笔者根据公开资料整理绘制，数据来源于美国集成公开微观数据库.

图 3-5 至图 3-16 源自：笔者绘制.

图 4-1 至图 4-3 源自：笔者绘制.

图 5-1 源自：笔者绘制.

图 5-2 源自：笔者根据公开资料整理绘制，数据来源于《中华人民共和国行政区划手册》.

图 5-3 源自：笔者绘制.

图 6-1 至图 6-5 源自：笔者绘制.

表 1-1 源自：笔者根据 TSAI Y H，2005. Quantifying urban form：compactness versus sprawl[J]. Urban studies，42(1)：141-161 绘制.

表 3-1 源自：笔者绘制.

表 3-2 源自：笔者绘制（中国数据）；GLAESER E L，KAHN M E，2001. Decentralized employment and the transformation of the American city [R]. New York：National Bureau of Economic Research(美国数据).

表 3-3、表 3-4 源自：笔者绘制.

表 4-1 至表 4-6 源自：笔者绘制.

表 4-7 源自：笔者根据《国务院关于调整城市规模划分标准的通知》（国发〔2014〕51号）整理绘制.

表 4-8 源自：笔者绘制.

表 5-1 至表 5-9 源自：笔者绘制.

表 6-1 至表 6-13 源自：笔者绘制.

表 7-1、表 7-2 源自：笔者绘制.

附表 1-1 源自：笔者绘制.

附表 2-1 至附表 2-3 源自：笔者绘制.

附表 3-1、附表 3-2 源自：笔者绘制.

附表 4-1 源自：笔者绘制.

附表 5-1 源自：笔者绘制.